湛庐CHEERS

与最聪明的人共同进化

HERE COMES EVERYBODY

人人都该懂的哲学

Philosophy: A Beginner's Guide

[英]
彼得·卡夫 著
Peter Cave

陶涛 张天雨 译

浙江人民出版社
ZHEJIANG PEOPLE'S PUBLISHING HOUSE

献给那些无知的人

以及

那些不知道自己无知的人

A BEGINNER'S GUIDE

哲学家们谈哲学

未经审视的生活不值得过。

——苏格拉底（前 469—前 399）

普通民众似乎无法理解，那些以正确的方式真正献身于哲学的人，实际上就是在自愿地为死亡做准备。

——柏拉图（前 429—前 347）

人们是出于惊奇才开始了哲学思考，起初是这样，现在也是这样。

——亚里士多德（前 384—前 322）

哲学是一种乡愁，是一种无论身在何处都想回家的冲动。

——诺瓦利斯（1772—1801）

把世界的整个本质抽象地、一般地、明确地用概念来重述，并给理性把这种本质作为反映出来的写照固定在不变的、经常备用的概念中，这就是哲学；也再没有别的什么是哲学。

——叔本华（1788—1860）

哲学问题具有这样的形式：我不知道出口在哪里。

问题解决了，但不是通过获取新的信息，而是通过重新整理我们早已知道的东西。

哲学是一场战斗，它反对用语言作为手段来魅惑我们的理智。

——维特根斯坦（1889—1951）

哲学家就像是一位在黑暗屋子里寻找黑猫的盲人……这只黑猫其实并不在这里。

——佚名

测一测：与生活息息相关的哲学思想和哲学家，你了解多少？

1. 哪位哲学家被誉为现代哲学之父？
   A. 弗兰西斯·培根
   B. 伊曼努尔·康德
   C. 让-保罗·萨特
   D. 勒内·笛卡尔

2. 关于“自由意志”，以下哪些说法是正确的？
   A. 自由意志指的是，在决定做一件事情时，还能做出其他的选择；
   B. 决定论的观点认为，根本不存在真正的自由意志；
   C. 在有些情况下，人们会说“我别无选择”，但这并不损害其自由；
   D. 若一个人因为不可抗力的原因而伤害了他人，那这个人不应受到道德谴责。

3. 以下哪些选项是对功利主义思想的描述？
   A. 着眼于行为的结果或行为可能导致的结果；
   B. 致力于寻找理性人都能接受的、普遍的行为方式；
   C. 主张毫无偏见地看待整体幸福；
   D. 它的一个劣势在于无法给出清晰的行动指南。

4. 关于“心脑同一论”，以下哪些说法是正确的？
   A. 认为大脑的活动就是心灵的变化，其论证角度区别于逻辑行为主义；
   B. 这是一个唯物主义假说，认为解释心灵只需要自然科学就够了；
   C. 因为得到很多澳大利亚哲学家支持，所以又被称为“澳大利亚人假说”；
   D. 心脑同一论会导致同一物种歧视的问题。

5. 根据笛卡尔的二元论，以下哪些选项是正确的？
   A. 心灵是作为一个实体而存在的；
   B. 心灵是作为一个物质性的、处于空间之内的实体而存在的；
   C. 人在任何时候都能充分利用自己的思维能力和深层的潜意识；
   D. 心灵可以不依赖任何事物而独立存在。

扫描二维码，下载“湛庐阅读”APP，
搜索“人人都该懂的哲学”获取答案。

与生活息息相关的哲学问题

哲学是好奇的孩子，好奇的对象就是这个世界。而这个世界，不仅包括我们能够感知，即能看、听、闻、摸和品尝的对象，还包括人自身，即人的思想、渴望和幻想。自我以及自我对外在世界的意识共同产生了疑问、好奇以及困惑。但自我是什么？表象背后隐藏的真实又是什么?

哲学是什么

我们试图通过科学、数学和理性，或者通过艺术、音乐和宗教来理解世界，包括理解自我。我们生活在世界上，改变着世界，同时，相信有些事值得做，有些则不值得。我们拥有人性，能感觉到善与恶，感觉到社会在一定程度上保护着人们的自由、福祉与正义，也感觉到生命可能是有意义的，抑或没有。

哲学家以哲学的方式思考着以上所有内容。他们不仅思考自然世界与人类的真相，也思考如何获得关于世界的知识，以及科学理论揭示出的关于世界本质的知识。此外，哲学家还会反思其他理论和实践领域中正在发生的事情，例如数学、物理学、心理学等理论领域，以及戏剧、诗歌、艺术、音乐等实践领域内的事。

> 哲学家不是任何思想共同体的公民，而这就是他成为一名哲学家的原因。

这句话源自20世纪最伟大的哲学家路德维希·维特根斯坦（Ludwig Wittgenstein）。哲学家或许会说，他们要对所有领域进行思考，思考就是哲学工作的心脏。所以他们才会探究心灵、时间和行为的本质，考察上帝是否存在的证据，论证自由意志，辨析善恶美丑是否客观。以哲学的方式思考并非一件简单容易、立竿见影的事。即使手不染尘，但苦心孤诣的脑力劳动有时与体力劳动一样辛苦，甚至更需一杯苦酒做伴，或者更多。

对哲学家而言，有一个非常经典又具有讽刺意味的形象：苏格拉底漫步在古希腊的街道上，却仰望着天空。实际上，苏格拉底是一个脚踏实地的人，他的哲学肇始于对日常生活的好奇，即人们说了什么，做了什么，人与人之间的关系是什么。为何有些人被誉为勇敢、卓越或博学的，他们渴求的爱、美和真理是什么？因此，苏格拉底提出了著名的“是什么”的问题：勇敢、卓越、知识是什么，正义、美、真理是什么？他最擅长的事情是向人们提问，并通过辩论揭示出人们其实很无知的真相。

于是，最具讽刺意义的事出现了：苏格拉底被视为雅典最富有智慧的人，却只是因为他知道自己无知。好吧，让我们先悄悄忽视“知道自己无知”中的矛盾吧。

现在，让我们来看看该如何回答苏格拉底式的追问，这是一个非常重要的哲学问题。以“美是什么”为例，苏格拉底等人认为，美的事物必然拥有一种共同的特定的性质，这种特质存在于所有美的事物之中，并使它们都成为美的。

维特根斯坦（是的，他的名字还将出现多次）提出了著名的“家族相似性”理论（family resemblances），并认为，用同一个术语描述不同的事物足以说明这些事物彼此有相似之处，却不能说明它们有一个共同的性质。例如，棋牌、运动等都可以被称为“游戏”（game），但它们之间难道一定要具有共同的性质吗？简单点说就是，或许可以在不同游戏之间找到一些相同或相似之处，却无法找到一个对所有游戏而言的共同本质属性。

以上简短的分析已经让我们触及一个哲学思考的对象或形而上学的谜题了，即所谓的“普遍性”。绿旗、绿草和翡翠都是绿色的，它们拥有相似性。但这是否说明普遍的绿色性质以某种方式存在着，并在不同时间、地点显现出来，比如在此处的绿旗或彼处的绿草那里显现呢？

正是这种思考，使柏拉图提出了“理念论”，他将视线从不断变动的物质世界转向了纯粹精神的幻象世界，并认为里面存在着永恒不变的抽象概念或理念，这些理念包括柏拉图所关注的正义、美、真理、平等。但之后，他却不得不承认，按照这一理论，许多毫无价值，甚至是很糟糕的理念也同样出现在理念世界中。

哲学探究什么

哲学与智慧有关：从词源学来看，“哲学”这一术语起源于古希腊，意思是“爱智者”。“智慧”意味着对人生的理解更加宏大、深刻、富有洞察力，并且比关注现实世界的研究，如考古学、心理学和物理学等更具有普遍性。当然，诗歌、小说和宗教也可以富有洞察力，但与之相比，西方哲学却有着显著的不同：它更注重理性论证、清晰表述，并且对论证的前提也非常谨慎。正因如此，西方哲学亦不同于东方哲学和后现代作品。不同的方法会对人们产生不同的影响，从而致使人们对“事物原本是什么”以及“事物应该是什么”持不同立场。

不过，当代的哲学家似乎早已不再为哲学思考贡献智慧了：他们往往是大学教师，通过发表一篇又一篇的论文获得资助和教席，而论文的引文和参考文献也越来越长。他们以此为荣，并感到满足。但在早些时候，情况却完全不是这样的，比如弗兰西斯·培根（Francis Bacon）是一位大法官，并且曾被监禁；斯宾诺莎（Spinoza）的工作是磨镜片；莱布尼茨（Leibniz）是一位外交官，还做过图书馆管理员；约翰·斯图尔特·密尔（John Stuart Mill）就职于东印度公司，夜间兼职做记者，后来还担任过国会议员。

除此之外，今天的哲学也越来越专业化了，就像一个科学领域，只有极少数的人才能进入。假若检视当代的哲学研究，你会发现，你通常需要面对大量抽象的论证、技术性的术语，有时还会出现罕见的符号。毫无疑问，用这种方式也能做出好的哲学，尤其是在逻辑研究领域，但我们却不能因此就误以为哲学只是一种技术工作，除了专家，其他人都无从理解。

几个世纪以来，许多伟大的哲学家不仅通过哲学难题，同时也通过思考数学与科学问题来锻炼心智。比如亚里士多德、勒内·笛卡尔（René Descartes）、斯宾诺莎和莱布尼茨等哲学家便从事多种实证的研究，其中笛卡尔和莱布尼茨还是非常著名的数学家。然而，即便哲学家们能够解释科学发现和科学概念，但他们也不是科学家。因为他们所思考的是诸如电子究竟是像生活中的桌椅一样客观存在，还是只是理论中的假设等问题。他们根本不会冒着爆炸的风险在实验室做实验，更不会冒着受伤的风险去进行考古挖掘。

哲学家们探究的概念和关心的问题，通常都是人们已经觉察到的，无论是在古希腊、21 世纪的欧洲，还是在南美洲的某个部落，人们都普遍意识到了这些问题。比如“我们究竟是谁”“我们究竟在何处”“如何处理欲望之间的冲突”“我们谈论的公平是什么”，以及“我们担心的生命意义是什么”等问题。

如何进行哲学思考

了解哲学最好的方式就是亲自参与其中。对于各种问题，虽然哲学里充斥着大量正确的和错误的答案，但问题的关键从来不在于找到答案，而在于我们能够尝试以自己独特的视角去观察世界，调和不同的观点和看法，从而解决各种疑问。

哲学家通常都会说一些非常奇怪的话。不过只要深入了解，你就会发现，他们之所以这样说都有很好的理由。而正是由于这种哲学式的求知与好奇，哲学家们对表象背后的真实往往有截然不同的理解。比如说，在前苏格拉底哲学（Pre-Socratics），即苏格拉底之前的古希腊哲学中，赫拉克利特认为“万物皆流”，而巴门尼德（Parmenides）却认为“存在是不生不灭的”。在近代，斯宾诺莎想要论证上帝和自然是同一的，而乔治·贝克莱（George Berkeley）则试图说明物理对象只不过是经验中的各种感觉的积累。在 20 世纪早期的剑桥，麦克塔格特（McTaggart）认为时间纯粹是一种幻觉，乔治·爱德华·摩尔（G. E. Moore）则嘲讽地说他的早餐无疑要在午餐之前享用。

哲学家热衷于论证，且经常与有悖于自己观点的人进行辩论。这也是哲学思考令人痴迷的众多原因之一。研究哲学没有捷径。深入思考问题，将片刻的顿悟编织成一个连贯的整体，需要花费很多时间，需要慢慢来。此时，我怎么会舍得放弃在序言中再一次引用维特根斯坦的机会呢？这位痛苦的天才曾经说过，当两位哲学家见面打招呼时，他们应该说：“慢慢来。”阅读哲学、研究哲学、思考哲学，一定要花时间、慢慢来。

如何阅读本书

哲学家们要进行理性推理。哲学基本是一门先验的学科，它依赖于人们基于概念、观念和前提进行的理性推理，而非实证研究或经验观察。一旦论证过程中出现矛盾，便说明它是错的，需要再对其进行修订。本书是对西方哲学的介绍，因此也强调理性推理和论证。但这并不意味着我们要贬低情感、美和意义的价值，它们也同样重要。进一步说，我们应该意识到，每位哲学家的立场都建立在自身的情感之上。毕竟，追寻真理之人都怀有对真理的情感欲求。

本书是一本导论性作品，你无须花费精力了解大量的术语和理论，毕竟已经有很多优秀的词典和百科全书对它们进行了解释，如果你想要了解的话，可以参见注释和拓展阅读部分。在本书中，我慎重挑选了一些重要的主题进行论述，它们都提出了深刻却令人难以回答的问题，且大多与我们的日常生活息息相关。当然，有时我也会说一说自己的立场。综合而言，在这本书中，读者会接触到许多重要的理论与观点，了解到一些影响深远的哲学家。而本书的目标就是将这些哲学问题呈现出来，从而诱发读者进行进一步的思考与阅读。

阅读哲学作品，不同于阅读小说。阅读哲学作品时，有些章节你可以略读，只需对问题产生一种"感觉"；而某些思想和疑问则需反复琢磨。所以，你不妨这样去做吧，在泡澡或在火车上时读一读，或将其作为睡前的催眠手段，当然，我更加希望你能通过阅读保持真正的清醒。

"万物皆相关"，希波克拉底曾经这样写道。这句话说明，许多问题之间都是互相联系的，而且这句话也经常出现在不同语境中。本书亦是如此。初次提到某些概念和问题时，你或许会感到困惑，但它们会不断被提及，并出现在不同章节之中，这样你便能加深对它们的理解。尤其是在"身体与心灵：什么才是人的本质?"一章中，介绍的问题会比较多，之后的章节将会分别对其进行进一步的讨论。

PHILOSOPHY

目 录

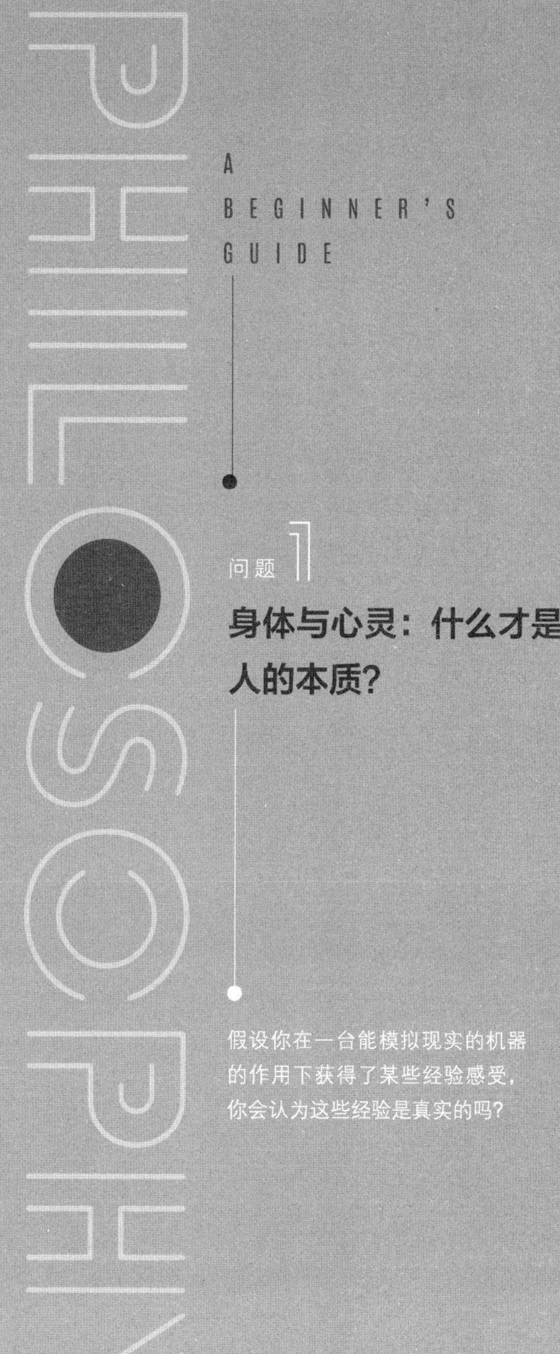

A BEGINNER'S GUIDE

问题 1

身体与心灵：什么才是人的本质？

假设你在一台能模拟现实的机器的作用下获得了某些经验感受，你会认为这些经验是真实的吗？

“人活着只需要在乎经验感受”，许多人都觉得这句话很肤浅，因为生命中有许多事都比经验感受重要。至少，我们还应该关注他人是否生活得好。然而，有人却回应道：“你说得没错，但他人生活得好，也不过说明他们的欲望得到了满足，仍只是他们的经验感受而已。”

假设你所谓的朋友背叛了你，他在背后说你的坏话，或者合作伙伴欺骗了你；对此，你一无所知，并且一生都无法察觉。你的生活太平无事，甚至非常幸福。就此而言，你的经验感受毫无变化，如同从未被背叛过一样。然而，即便没有察觉，难道你的生活就真的可以被认为是幸福的吗？难道你不会更希望生活中没有人欺骗你吗？

此类问题可以引出令人困扰的、更深层的哲学思考。毫无疑问，假如没有经验感受，人类生活将会变得没有意义；但生活同样需要涵盖更多内容，作为人，我们无疑应该看得更深刻，拥有更高的价值理想。作为人，我们能看到表象与真实之间的差别，能看到事物呈现出的样子与事物真实的样子之间的差别，比如善意、笑脸、对爱与忠贞的誓言，和未被察觉的背叛之间的差别。

以上思索，可以把我们引入对人类本性及其价值，即人类“自我”的哲学讨论上来。后面，我们会讨论“经验机器”（experience machine），还会讨论名声显赫，或者可以说声名狼藉的笛卡尔先生，他可是所谓的“现代哲学之父”。这些讨论，将为后续的章节做好铺垫，而许多与之相关的问题也将在后续的章节中具体展开讨论。

值得一提的是，对于哲学家而言，“现代”（modern）通常起始于17世纪初期。因为在这个阶段，至少从表面上看，笛卡尔开始凭借理性（reason）去理解这个世界，而不再依赖古典的、亚里士多德主义的或经院哲学的解释。不过，其实在笛卡尔之前，弗兰西斯·培根也开始鼓励以科学实验的方式去了解世界如何运行。

经验机器：人类真正追求的是什么

假设你热爱航海，想要独自环游世界，但是你却很懒、缺乏毅力，还特别容易晕船。再假设存在一台令人梦寐以求的机器——经验机器，它能够模拟现实，无论你想要什么经验感受，它都能提供给你。一旦接通电源，你将无法分辨真实与虚拟，并忘记你正在使用机器，而你所体验到的经验、感受、信念都与现实生活中的毫无差别。那么，这能说你实现了自己的追求吗？

A BEGINNER'S GUIDE
PHILOSOPHY
邂逅哲学大师

古希腊的哲学家

苏格拉底、柏拉图、亚里士多德，这是古希腊雅典的三位哲学巨头，他们对西方哲学中的形而上学、认识论、伦理学、政治哲学，以及被归为“自然哲学”时期的科学等都产生了无法估量的影响。

苏格拉底（前469—前399）：他是一个知识“牛虻”，刺痛了那些自以为懂得很多的、自满的富人和权贵。当时，雅典的人民认为他的思想会腐蚀年轻人，而且亵渎神明，于是判处他死刑。苏格拉底拒绝了学生们安排好的逃跑计划，毅然赴死。现在，我们对苏格拉底思想的了解大多来自其最伟大的学生柏拉图的著作。

柏拉图（前429—前347）：整个西方哲学史就是对柏拉图哲学的一系列注脚。柏拉图超越了这个不断变化的表象世界，进而去探索永恒不变的理念或概念。他提出了许多关于理想社会的观点，这些观点有些非常激进，例如认为男性与女性应该平起平坐等；此外，他还提出了很多关于爱、欲望和想法的观点。

A BEGINNER'S GUIDE
PHILOSOPHY
邂逅哲学大师

亚里士多德（前384—前322）：他是柏拉图最伟大的学生，是第一个正式的逻辑学家，进行了大量的科学研究，还曾经做过亚历山大的老师。没错，就是那个后来成为亚历山大大帝的亚历山大。在拉斐尔的画作《雅典学院》中，柏拉图手指向上方，而亚里士多德的手指向下方，这明显地表达了两人在思想上的分歧——柏拉图追求超越表象的理念，可以说带有一些神秘主义的色彩，而亚里士多德的哲学则更侧重于客观的存在。

前苏格拉底哲学：指的是在苏格拉底之前的哲学流派。这一时期的哲学家的绝大多数作品都遗失了，没有保存下来，但其思想对此后的哲学仍然有重要的影响，其中最著名的两位哲学家就是赫拉克利特和巴门尼德。**赫拉克利特**是一位富有传奇色彩的哲学家，他提出“人不能两次踏入同一条河流，因为河流总是在不断变化之中”。针对这一观点，后来又有一位哲学家提出“人一次也不能踏入同一条河流”。

A BEGINNER'S GUIDE
PHILOSOPHY
邂逅哲学大师

巴门尼德的思想主要体现在一首名为《论自然》的诗中，而在这首诗《真理之路》的部分中，他认为唯一真实的存在就是“一”，而“一”是永恒不变的。这一观点得到了芝诺悖论（Zeno's paradox）的有力支持：你如何能到达那堵墙？首先，你需要到达路程的中点，然后再走到中点，然后再走到中点……如此循环往复，虽然每一半的距离都在缩短，但它却可以无穷无尽地分割下去，于是，你永远都到不了那堵墙。

古希腊其他哲学家

当我们把目光都集中在最伟大的哲学家身上时，其他很多重要的哲学家就可能会被忽略。比如说，古希腊提出“人是万物的尺度”的普罗泰戈拉，以及后来的斯多葛学派（Stoics）和伊壁鸠鲁学派（Epicureans）。还有，深受古希腊哲学影响的圣·奥古斯丁（St Augustine）和中世纪逻辑学的集大成者奥卡姆的威廉（William of Ockham）。

如果在使用这台机器时航海，那么无论从哪方面来看，你所有的经验感受都和真去航海完全一样。你能感受到涌动的海浪，看到遥远的荒岛，甚至还会有一点点晕船。当然，这种晕船的感觉也是你在使用机器前自己要求的。你能看到美丽的美人鱼或帅气的水手在岸边向你招手，甚至能看到有人在码头进行电视采访，等等。然而，在感受这一切时，你可能其实一直待在伦敦、纽约或新德里某个肮脏的地下室里使用经验机器。

迄今为止，科技还无法生产出这种机器，但万事皆有可能。我们可以假设存在这样一台机器，机器一端的电极接通你的大脑，再输入适量的电化学刺激，你就能够拥有相应的经验感受。在流行电影里，我们经常能看到这样的假设，《黑客帝国》就是一个典型的例子，讲述了虚幻的真实。那么，这个思想实验的哲学价值是什么呢？或许其中一个价值就是：它帮助我们了解是什么使人类生活与众不同，什么才是生活中最重要的东西。

设想一下，你能使用经验机器，通过这台机器，你能拥有任何你想要的经验感受，甚至无须下床。那么，开启经验机器之后，你是否就实现了自己的追求？经验感受是生命中唯一重要且有价值的事情吗？

对多数人而言，答案是“不”，上述背叛的例子亦能说明这一点。的确，人们渴望得到某些感受，比如快乐，而且无论这种感受是何种事物带来的，他们都会感到欢喜。有时，人们想要得到某种具体的感受，比如想听到演奏笛子的声音或闻到新鲜的花草香，而且他们不在乎这种感受是源自真实的笛子和花草，还是源自某种电子机器。然而，即便如此，在大多数情况下，人们仍然在意经验感受之外的内容：想要触摸真实的事物，希望经验源自真实的世界。

经验机器的失败之处就在于经验的源头：虽然该机器带来的经验感受足够真实，却并非来自真实的世界。是的，人们或许会渴望通过海洋环游世界的经验感受，但这并不意味着他们真的想体验在全球的海洋里航行。人们或许会幻想自己成为全球顶级钢琴家的经验感受，但实际上，他们想要的是成为真正的钢琴家，并能够在现实中获得赞扬和荣誉。

人们通常都渴望得到爱，渴望生儿育女，渴望自己支持的球队获得胜利，但实际上，他们渴望的并非爱、生儿育女和胜利的经验感受，他们追求的是真实的、不虚假的事物，即便他们无法分清“虚假的X”与“真实的X”带来的经验感受之间的差异。通常，人们追求的是真正的成功，而非机器带给他们的成功的幻觉。因为在这种幻觉中，他们并没有取得胜利，而仅仅是误以为自己取得了胜利。

欺骗论证：身体与心灵是同一的吗

上述背叛和经验机器的故事皆说明，对于人类而言，经验感受并非唯一具有价值的事物。当然，这些故事也会引起我们的困惑——如何才能确保自己的经验感受是真实可信的呢？换言之，我们如何确定自己并非正在使用经验机器呢？或许，我们此时正在经验机器里获得阅读哲学书籍的经验感受呢？这个思路其实与怀疑主义极具破坏力的观点是一致的，即质疑人能否获得关于“真实”的知识。这是一个属于认识论的问题，而“认识论的”（epistemic）这个词就源自古希腊的“知识”一词。至于怀疑论，我们到后面的章节中再讨论。现在，我们先来看看笛卡尔是如何利用怀疑主义揭示人类本质，以及他是如何进行论证的。

毋庸置疑，我们是有知觉意识的存在者，能够感受经验、坚守信念。但在这里，“我们”到底是什么，那个能够感受经验或坚守信念的“我们”到底是什么？每个人都有大脑和心脏，至少从表面上看是这样的，但本质上，“我们”是什么呢？也就是说，我们之所以存在，应必须具备哪些符合逻辑的、必要的条件？

很多人相信肉体死亡，甚至肉体消失之后，人仍有活下去的可能性。但是，这种观念符合逻辑吗，它是否具有内在的矛盾呢？比如，在欧几里得几何学中，三角形在逻辑上不可能拥有四条边，假如不是三条边，它在逻辑上就不是三角形。那么，与之类似，假如没有身体，人是否在逻辑上就不能存在了呢？或许，人的本质是灵魂，无须身体人亦可存在？

经验机器的例子说明，事物或许并非它所彰显出来的样子。再来看一个比这一思想实验更极端的观点：笛卡尔认为，我们可以怀疑所有事物的存在，例如树木、蔬菜、土地、湖泊、果酱，等等，甚至可以怀疑机器的存在。或许我们只是梦见了这些事物的存在。

邂逅哲学家

现代哲学之父

勒内·笛卡尔（1596—1650）：他之所以被视为现代哲学之父，是因为他最先开始尝试建立某种确定的、无法被质疑的知识，并且不诉诸古典的或宗教的权威。他鼓励人们也从事这样的研究，而他自己的发现则主要记录在《第一哲学沉思集》（*Meditations on First Philosophy*）中。

生平：笛卡尔年轻时喜欢旅行，为了旅行，他还参了军。1619 年，在一个温暖的火炉旁，笛卡尔梦想着构建一种新的理解世界的方法。他创建了笛卡尔坐标，为解析几何学奠定了基础，他钻研光学和天文学，试图以数学和机械的方式解释自然世界和人类身体。同时，他把心灵或灵魂视为与身体截然不同的事物。

笛卡尔原本打算出版一本讨论自然世界的书，来说明地球围绕太阳转，但在听到伽利略因推广日心说而被教廷处罚之后，他就放弃了。虽然笛卡尔是一位天主教信徒，但他经常因为其机械论哲学而受到攻击。据说，这与他曾经发明的一个机械娃娃有关。

逝世：笛卡尔声名远播，所以瑞典的克里斯蒂娜女王希望他来教导自己。没有人能拒绝“皇家邀请”，尤其是喜欢被赞助的笛卡尔。在一个冬天，笛卡尔来到了斯德哥尔摩。由于体弱多病，笛卡尔通常会在下午起床，但在这里，他需要每天早上 5 点去给女王上课。不久之后，他就因感染肺炎而去世了。

就此而言，或许有一个全能的、邪恶的天才在欺骗我们。谁知道呢？或许是这个邪恶的天才让我们误以为自己拥有手指、器官和大脑。毕竟现实中也有人能感受到“幻肢”（phantom limbs）的存在：有些人在截肢手术后醒来，没什么感觉，他们没有意识到自己已经被截肢了。只有掀开被单时，他们才会发现自己已经失去了腿。

但是，即便没有这种全能的、邪恶的天才，怀疑主义者仍然可以质疑客观世界是否真实存在。或许真的存在着一个外在的自然世界，并使我们产生了各种经验感受；或许我们的经验感受并非像我们想的那样来自外在世界，而是来自某种类似于经验机器的完全超乎我们想象的东西；又或许我们的经验感受根本就没有来源，它们就这么凭空出现了。尽管这些观点看上去不太现实，但它们在逻辑上确实是可以成立的。而实际上，我们似乎没有办法验证这些观点是真是假。

之前提及笛卡尔时，我一直使用“我们”这个词，但真正开始讨论时，却要使用第一人称“我”。因为，假如我怀疑外在物质世界的存在，那我也有可能怀疑他人的存在。这就是怀疑主义者提出的“他心知”（other minds）问题，即纵使我相信他人身体的存在，虽然这也是可以怀疑的，但我有什么理由相信他人身体里面还存在着心灵呢？我们只能看到他人的身体，因此他人或许只有身体而没有心灵，这种情况同样存在着一定的可能性。或许，你就是这个宇宙中唯一有意识的存在，他人的言行其实只是由机器或僵尸之类的生物进行的复制或转述，他们其实没有任何经验感受。你之所以觉得他人的言行有意义，不过是你自己赋予的。

通过这些怀疑主义的思考，笛卡尔最终得出结论：即便可以怀疑外在世界的存在，也不能怀疑“他”的存在。或许，他认为外在世界存在是因为他被一个邪恶的天才彻底欺骗了，但无论骗术多么高明，只有他这个人，即笛卡尔存在着，邪恶的天才才能欺骗到他。换言之，他可以否定全部的外在世界，但无法否定自己的经验感受。

由此，他得出了著名的观点“我思，故我在”（I think, therefore I am），拉丁语写作“*cogito ergo sum*”，亦常缩写为“*cogito*”。这里暗含着一个逻辑论证，即笛卡尔的欺骗论证（Feigning Argument），以第一人称表述如下：

前提1：我被骗的时候，能够相信“我的身体（包括大脑）不存在”；
前提2：我被骗的时候，不能相信“我（无论我是什么）不存在”；
结　论：因此，“我的身体”（my body）不等同于“我”（I）。

笛卡尔的结论说明了一种可能性，即在身体被毁灭之后，人仍有可能继续存在。当然，这仅仅只是一种可能性。同时他也曾简短地讨论过“不朽”。他声称，一个物体只能以两种方式被毁灭：要么被分割成细小的组成零件，要么全能的上帝让其灭绝。心灵，也就是“我”是不可分割的，因为它没有组成部分。幻想自己同时存在两个彼此分离的心灵是毫无意义的事。因此，只要上帝允许，心灵就可以永生。

笛卡尔的欺骗论证到底想说明什么呢？这里有一个方法可以帮助你理解：设想你听说过贝尔，也听说过廷克斯。如果你想知道这是两个不同的人，还是同一个人使用了两个名字，那么你可以尝试寻找贝尔拥有而廷克斯却没有的属性。比如，此刻贝尔在纽约，而廷克斯在加尔各答，那么他们俩就不可能是同一个人。因为一个人不可能既出现在这里，同时又出现在相隔千山万水的远方。

欺骗论证和有关贝尔与廷克斯的论证其实是相似的。就“我的身体”而言，被骗的时候，我可以相信我的身体不存在；就“我”而言，被骗的时候，我仍要相信我存在。因此，“我的身体”和“我”就不是同一个事物。除此之外，我存在，而他人不存在，这一假设符合逻辑上的可能性[①]。同样，贝尔在一个地方，廷克斯在另一个地方，也符合逻辑上的可能性。换言之，从逻辑上来说，一个人存在而其他人不存在是有可能的。

然而，某个事物具有逻辑上的可能性，并不能说明它具有物理或实践上的可能性。比如，在逻辑上，如果没有贝尔的存在，廷克斯仍然可以存在；但在实践上，如果没有贝尔的存在，廷克斯可能就无法存在，因为贝尔或许是廷克斯的母亲，又或许贝尔在多个方面对廷克斯产生了重要影响。

① 关于“逻辑可能性”与下文的“实践可能性”，可以参考湛庐文化策划、中国人民大学出版社出版的《好用的哲学》第 250~251 页。——译者注

A BEGINNER'S GUIDE
PHILOSOPHY
思想聚焦

论证（Arguments）

哲学家很少真的动手打架，但他们一定会进行论证：给出前提，进行推理，得出结论。如果根据前提必然能推出结论，这就是一个有效论证（valid argument）或演绎论证（deductive argument）。在有效论证中，如果前提全都为真，那么结论必然为真。如果一个论证是有效的，同时前提皆为真，它就可以被称为一个可靠论证（sound argument）。如果存在假的前提，论证仍然可以是有效的，只是不再是可靠的，比如：所有的女性都戴着帽子，贝特是一名女性，所以贝特戴着帽子。

以下是一个无效论证（invalid argument）：如果下雨，那么客人就会浑身湿透；客人浑身湿透了；所以下雨了。在这个论证中，即便前提皆为真，结论仍然可能为假，毕竟，客人浑身湿透也可能是因为他们在打水仗，所以这是一个无效论证。当然，有一些非常好的论证不需要是演绎论证，也可以是归纳论证（inductive argument）。

我们可以再举几个关于逻辑可能性的例子。假如说一个人在两分钟之内跑完了一千米，这在逻辑上是可能的，但在实践中却是不可能的。经验机器在逻辑上是可能存在的，但这不意味着在实践中它可以被生产出来。

欺骗论证是一个好的论证吗？更具体地说，在该论证中，根据前提能推理得出其结论吗？换言之，假如该论证的前提是真的，那么结论就必然是真的吗？如果结论必然为真，那么该论证就是有效的，因为论证的有效性只与前提和结论之间的关系有关。

即便论证是有效的，结论仍然可能是假的，因为有效论证可能是根据假的前提有效得出了假的结论。比如说，从“所有的哲学家都是美丽的”和“苏格拉底是哲学家”这两个前提出发，就会有效得出“苏格拉底是美丽的”这一结论。然而这个结论明显是假的，因为苏格拉底长得很丑。可见，此论证的前提，即“所有的哲学家都是美丽的”必然有误。①

因此，在评价欺骗论证的时候，我们不但要评价该论证是否有效，还要评价该论证的前提是否为真。只有当前提为真，且论证有效时，我们才能说这是一个可靠论证，即一个结论必然为真的论证。

让我们直接回到欺骗论证中的前提 1，巧舌如簧的笛卡尔确实表明了我们可以被欺骗，并相信自己的身体不存在。这里并没有说身体真的不存在，而是说我们可以先假装身体不存在，这两者之间是有区别

① 关于“论证”的相关问题，还可以参考湛庐文化策划、中国人民大学出版社出版的《简单的哲学》第 25~32 页。——译者注

的。因此，我们可以认为前提 1 是真的。

前提 2 则是值得讨论的：的确，我可以假想一个我从未存在过的世界；但是，在我正在假想的这一瞬间，我不能假想我不存在。与之对应的是，在我正在假想的这一瞬间，我仍然可以假想我的身体不存在。然而，我们也不能过于相信笛卡尔视为理论根基的“我思故我在”，因为或许只是由于缺乏足够的思维能力，我才不能假想我不存在。可以说，笛卡尔以某种方式证明了自己的存在——由于笛卡尔在思考，所以他一定存在，但这也不意味着我们无法怀疑或质疑该论证的合理性。毕竟如果给笛卡尔灌上足够多的威士忌，他就可能会怀疑自己的存在，甚至可能开始怀疑“我思故我在”的合理性。

如果暂时先接受笛卡尔的怀疑主义，把前提 1 和前提 2 都视为真的，我们仍要追问，根据这两个前提是否必然能得出笛卡尔的结论。如果能，同时前提皆为真，那这就是一个可靠论证，结论必然为真。别忘了，这可是一个振奋人心的结论：假如人真的能与身体区分开来，那么从理论上来说，身体消亡之后，人仍然能够继续存在。以笛卡尔的视角来看，人的本质是心灵（mind）、自我（self）或灵魂（soul），而这三个术语在笛卡尔那里是被混用的；与之相比，人类以外的动物则缺乏心灵、自我或灵魂。不过，这一点也值得争论。难道仅仅因为猫、黑猩猩、海豚等动物不具有笛卡尔所说的理性，就认为它们缺乏心灵，也就是构成本质的那种东西了吗？

反驳欺骗论证：同一者的不可分辨性原则

欺骗论证和有关贝尔与廷克斯的论证都是有效论证，它们具有相同的论证结构，且都依赖于莱布尼茨提出的一条原则。在笛卡尔之后不久，莱布尼茨开始写作，他是著名的数学家、科学家和哲学家，首先提出了“不可分辨者的同一性原则”（Identity of Indiscernibles）①，具体是指，假如两个看似不同的事物拥有所有相同的属性，那么它们就不是两个事物，而是同一个事物。

但是，不可分辨者的同一性原则也会受到质疑：能否假设宇宙中存在两个完全相同的铜球，而且完全无法对两者进行分辨？它们具有的所有属性都完全一样，但仍然是两个事物。于是，另一个被称为“同一者的不可分辨性”（Indiscernibility of Identicals）②的原则，似乎看起来更加合理。以贝尔与廷克斯的情况为例，如果贝尔和廷克斯是同一或相同的人，那他们就具有完全相同的、无法分辨的属性。因此，如果贝尔有一头乌黑亮丽的秀发，廷克斯也必然如此。

莱布尼茨的同一者的不可分辨性原则很好，但它并不适用于一些特定的属性，而上文提到的“欺骗”就属于这一类。换言之，当谈论心理状态及相关属性时，该原则就不正确了。以下就是该原则失效的一个例子。

---

① 关于莱布尼茨的这两条原则，具体可参考《好用的哲学》第 133~140 页。——译者注

② 大致来说，前者是指，如果两者具有无法分辨的、完全相同的属性，它们就是同一物体；后者是指，如果两者是同一物体，它们就具有无法分辨的、完全相同的属性。——译者注

从见到维丽蒂的第一眼起，卢克就爱上了善良的她。但卢克只在哲学研讨会上见过她：她从他身边娴静、温柔、端庄地走过。就这样，卢克爱上了维丽蒂。看报纸的时候，卢克偶然间看到一个恶棍有一个情妇叫玛克辛。玛克辛是一个妓女，她敲诈自己的客户，还参与了多起暴力犯罪事件。警方提供的玛克辛的人像素描比较模糊，卢克无法看清楚她的样貌。但显然，他不会爱上这样一个女人。然而，事情败露之后，卢克发现，维丽蒂和玛克辛其实是同一个人。同一个人表现出了两种截然不同的样子。于是，面对同一个人，卢克不知不觉地产生了两种完全冲突的心理情感。此时，我们再来分析一下笛卡尔的欺骗论证。

在欺骗论证中，笛卡尔在描述“我的身体”和“我”时也涉及心理状态；“我的身体”和“我”可能是同一个事物，只不过呈现出来的样子不同。所以，从该论证的前提出发，并不能有效地推出该论证的结论，即便前提为真，结论仍然可能为假。如果仔细观察，我或许就能发现“我的身体”和“我”是同一的；正如卢克如果仔细观察，就能发现维丽蒂和玛克辛是同一个人。请注意，这里的类比只是一种修辞。

如果没有身体，我们究竟该如何观察身体呢？虽然笛卡尔的论证存在明显的问题，但他试图证明的结论似乎也有许多真知灼见。比如，假若我们在论证黑德维希比尼科莱特跑得快，即使理由很蹩脚，但也不足以说明黑德维希就跑得一定慢，比赛之时，自见分晓。同样，笛卡尔的论证虽然让人充满疑虑，但人是心灵和身体的结合体，这个看法或许是正确的。接下来，就让我们来看看这方面的内容吧。

二元论：心灵脱离于身体而存在

笛卡尔的二元论（dualism）区分了我的身体与我的本质，即自我。简而言之，我的本质即我的心灵，或者说，自我即心灵。笛卡尔把自我、心灵或灵魂视为实体，而非脑海中的空想，即便它们是非物质性的，不占据任何场所，不处于空间之中，即没有空间的广延。它们所占据的空间甚至不如数字 7 所占的空间大。

在笛卡尔看来，自我可以不依赖任何事物而独立存在，当然，除了上帝之外。但严格来说，笛卡尔理论中的实体其实只有上帝，因为只有上帝才是真正完全独立于其他所有事物而存在的。不过，宽泛地看，心灵与身体也可以被理解为实体。

在二元论的视域下，心灵和身体虽然可以区分，但在世俗世界中，它们却紧密交织在一起。世界通过人们的各种感知能力，如视觉、听觉、触觉等影响着人们；人们又通过各种行为，即由选择和欲望驱使着身体做出的行为影响着世界。比如说，当 6 点的铃声响起，铃声通过听觉和神经系统传达给我的心灵，导致我，也就是我的心灵认为是时候去喝一杯了，于是我的大脑做出决定——出发去酒馆。做决定是一个心理活动，它又使大脑开始控制我的肌肉，进而出现了走路的行为。

在笛卡尔的视域中，感知能力是对外在世界的被动反应，而后人们再根据获知的信息进行各种活动。但实际上，感知能力和活动都比笛卡尔所理解的要复杂得多。

A BEGINNER'S GUIDE
PHILOSOPHY
思想聚焦

先验 VS 后验

我们知道的许多知识都来源于经验，比如他人告诉的，自己看见的、听到的，以及对它们的记忆，等等；再比如，我们知道柏拉图是谁，或许知道委内瑞拉的总统是谁，还知道昨天下雨了。这些都是后验知识，不能仅凭理性就认识到。

与之相反，有些知识可以仅凭理性获得，它们被称为先验知识。比如说，只要掌握了相关概念，我们就可以知道 29 不能被 3 整除，双胞胎肯定不是独生子，单身汉一定没有结婚。但是，知道总统是什么意思，知道委内瑞拉是一个国家，却并不能让我们知道委内瑞拉的总统是谁。

偶然性 VS 必然性

偶然真理是真的，但它并不总是真的。比如“笛卡尔是一个哲学家”，但他未必一定会成为一个哲学家，他也有可能去农场养猪。同样，偶然谬误是假的，比如“你现在没有在读书”，但它也可能成为真的，因为或许你已经睡着了。

A BEGINNER'S GUIDE
PHILOSOPHY
思想聚焦

与之相对应，还存在必然真理与必然谬误。必然真理必然为真，比如不论在什么情况下，“2+2=4”都是真的。当然，“2”“+”等符号可以有其他用法，但假定不改变符号本身的含义，“2+2=4”就是一个必然真理。同样，“即使有一千个人，也不能给一个裸体之人脱掉衣服”是必然真理，也是先验的。

矛盾则是必然谬误，比如“这些字的颜色既是黑色的，又不是黑色的”，这个陈述就必然是错误的。

就感知能力而言，我们先来看下页图 1–1 中这幅鸭子或兔子的图画：相同的线条和绘画，没有任何差异，我们却既可以把它视为一只鸭子，也可以把它视为一只兔子。在感知过程中，人们通常要主动建构所看见的事物。毕竟人不是海绵，只能被动地感受外在世界，或吸收外在世界赋予的各种信息。

就活动而言，人们的所作所为部分地取决于外在世界。比如说，人们以为自己在给企鹅喂食，但或许正在不知不觉地毒害企鹅（见下页中的图 1–2）。如果指示牌上写了禁止给企鹅喂食，你还会故意给它们喂食吗？如果还会喂的话，你是出于什么动机？或许，你根本没有打算给企鹅喂食，而只是在摆动手臂，但你并没有意识到，这个行为的结果是撒了一地的花生。

根据笛卡尔所言，心灵，即笛卡尔认为的自我，在本质上是指一个有意识的实体，或者能思考全部有意识的经验感受的东西。心灵可以涵盖许多内容，比如心理素质、心理能力和心理倾向，以及思维、理智、欲望和情感，当然，情感或许也涉及身体方面。除此之外，笛卡尔似乎还认为，人在任何时候都能充分利用自己的思维能力，而并不存在深层的无意识或潜意识。

心灵一定与身体或大脑不同，因为后者处于空间之中，具有形状、大小等物理属性。如果说物理实体，比如自行车、鹅卵石、海洋等只是人的思维或欲望的产物，这显然是荒谬的；但同样，如果说心灵长在下巴的上方，有 100 克重，这也是荒谬的。

A BEGINNER'S GUIDE
PHILOSOPHY
思维拓展

人与外在世界的互动

感知能力：看见鸭子还是兔子

无论把这幅图看作鸭子还是兔子，它的线条都没有发生任何变化。也就是说，人们看到的内容并不仅仅取决于外界的信息。

图 1-1

活动：喂养企鹅还是毒害企鹅

当把花生撒向企鹅的方向，是什么决定了我的行为？这个行为能被称作“喂养企鹅”吗？还是应该被称作“毒害企鹅”？又或者我只是在扔掉不想要的花生？严格地说，我只不过是摆动手臂，并且手指没有合拢而已。可见，人们行为的评价不仅取决于它对外在世界所造成的影响，还取决于人们的意图、思虑、动机等。然而，这些心理状态是否像笛卡尔所说的那样，源自非物质性的心灵呢？

图 1-2

因此，按照这个观点来看，心灵和身体属于两个完全不同的范畴，它们有着“真实的区别”，或者说，在现实之中可以将它们区分开来。

心灵不是可以在空间中存在的物体，鹅卵石也不是有意识的物体。按照笛卡尔的观点，鹅卵石没有意识并非偶然，因为所有的自然物体与心灵都是完全对立的。大脑也是一种自然物体，因此它也必然不同于心灵，不具有意识，即便它能够引发意识的产生。大脑与意识的关系就相当于“贝尔和廷克斯是同一个人”与“贝尔导致廷克斯产生了变化”的关系，二者是截然不同的。

进一步说，笛卡尔认为心灵在本质上具有意识，这也就是说心灵不能脱离意识而独立存在。或许他相信，即便在熟睡或昏迷的时候，人们仍然具有意识，就像是在做梦，只不过人醒来后通常忘记了这些经验感受。

吉尔伯特·赖尔（Gilbert Ryle）是20世纪牛津大学的一位哲学家，他深受维特根斯坦影响，并提出了“范畴错误”（category mistake）的说法。他认为，笛卡尔在利用物理属性去理解心灵时就犯了范畴错误。他批评笛卡尔把心灵看作一个实体，抑或一个不具有任何物理属性的东西，认为这只不过是一种范畴错误。于是，赖尔戏谑地把笛卡尔眼中的心灵称作“机器中的幽灵”（ghost in the machine）。

按照赖尔的看法，心灵什么都不是。的确，我们常常把身体与心灵放在一起讨论，仿佛能够将二者区分开来。我们甚至更倾向于把心灵而非身体视作决定自身的关键因素，虽然只有拥有肉体才能拥有心灵。可见，语言的确能让我们产生误解。按照维特根斯坦的说法，语言能够蛊惑人心，而哲学是一场战斗，它反对将语言作为手段来使人们的理智入魔。

我们再以平均意义上的屠夫为例，说一下范畴错误的问题。假设屠夫平均每人养育了 1.7 个孩子，但每个真实屠夫养育孩子的数量显然不可能是 1.7，要么他们的孩子的数量是整数，要么他们压根就没有生孩子。此时，平均意义上的屠夫具有的这个属性，即养育 1.7 个孩子，而真实屠夫并不具有，那我们能否因此就说平均意义上的屠夫是一种特殊的屠夫类型呢？这种结论显然是很荒谬的，因为与有血有肉的真实屠夫相比，平均意义上的屠夫不具有任何物质属性。或者说，平均意义上的屠夫不过是一种基于真实屠夫的“逻辑建构”（logical construction）。

同样，心灵具有一些属性，大脑和身体的确并不具备，那么，心灵是否可能也不过是一种逻辑建构呢，它是否只是人们用来描述身体和行为的另一种方式呢？这个问题，我们到第 6 章中再具体展开来讲。现在，继续正面反对笛卡尔的二元论。

在笛卡尔看来，心灵能够与身体联系起来不过是出于偶然，不过是出于上帝的恩赐。但如果心灵与身体这两种截然不同的实体能联结在一起的话，那么按照相同的理解方式，心灵和花朵也能联结在一起，心灵和计算机、沙发等都能联结在一起。当然，花朵、计算机和沙发都无法表现出它们与心灵相联之后的感觉和想法，不过也有可能是因为它们比较隐忍，不愿表现出自己的想法而已。

以上荒谬的假设都符合笛卡尔的思路，因此，若要接受笛卡尔的二元论，我们就不得不克服这些疑虑。但是，即便接受了笛卡尔所说的上帝的恩赐，即便不考虑这些荒谬的假设，笛卡尔的理论仍然存在问题。

现在，我们都是以科学的视角观察世界，看待所有自然物体，比如金属、果酱等。除此之外，神经学家已经能够告诉我们，当人们进行感知、想象或思考活动的时候，大脑中的哪块区域会被激活。这并不是说大脑发挥着和心灵同样的作用，而是说，正是因为有了大脑活动，才引发了人们的感知、想象和思考。到现在，我们已经拥有了太多讨论自然世界的知识，比如物理学、化学等，但我们仍然对心灵一无所知，即便去追问心理学家、心理分析师、临床治疗师等专家，他们也不能告诉我们任何相关的知识。

除此之外，即便我们把所有这些问题都放在一边，可这两种截然不同的实体，即心灵与身体究竟是如何互动、如何沟通的呢？心灵这个不占据空间、没有形体的实体，究竟是如何引起大脑的电化学运动，并最终让人们竖起大拇指，抑或通过震动声带发出各种各样具有含义的声音的呢？

毫无疑问，心身互动问题给笛卡尔及其后续的哲学家带来了难题。牧师马勒伯朗士（Malebranche）深受笛卡尔影响，为了解决这个难题，他最终选择了以偶因论（Occasionalism）来对其进行解释。他认为，在你想抬起胳膊的时候，你的胳膊碰巧抬了起来，而这两者的协调一致则源于上帝的干预。因为既然上帝和心灵一样不占据物理空间，不会死亡，并且全知全能，那么他就可以让任何事情发生。

但是，这种理解又导致了新的道德难题：如果我想抬起手，并拿刀刺向恺撒，而只有上帝进行干预，刺杀动作才能完成，那么，上帝最起码也是刺杀恺撒的帮凶吧？不过，在笛卡尔的形而上学框架之内，马勒伯朗士的观点或许并没有想象中的那么荒谬。他只不过想要说明，心身互动问题的解决最终还要落脚于物理世界，而他个人则选择了一个神居住的物理世界。

如果两个物体能够互动，往往需要两者至少具有某些相同的属性才行，比如两者都要占据空间。虽然心灵和身体都具有时间属性，但在其他方面，这两者有太多本质性的差异。不过，我们也不能忘了，在物理世界中，地心引力和苹果也有很大的差异，但地心引力仍然可以成为苹果掉落到地上的原因；电流和轮子有很大的差异，但电流仍然可以成为轮子旋转的原因。趁此机会，我们再来介绍一下大卫·休谟（David Hume），他可是被博斯韦尔（Boswell）称为“伟大的异教徒”的一位思想家。

如他自己所述，休谟的第一本著作就像“在出版社死而复生”，不过如今，休谟已经在世界上拥有很高的声望了。笛卡尔的“理性主义”（rationalism）试图通过纯粹的理性推理，寻找世界的根基；与之不同，休谟的“经验主义”（empiricism）则试图根据对世界的经验感受，来寻求所有知识。那么，休谟是如何解决笛卡尔面对的难题的呢？

休谟的策略是，把所有注意力都放在经验感受这里。他认为，对于“一个事件是另一个事件的原因”，我们所有的经验感受不过是“先发生了一个事件，随后又发生了另一个事件”。比如，挤压牙膏管，牙膏冒了出来；按照休谟的分析，前者是后者的原因，不过是前者发生在先，后者发生在后。但不管怎么说，休谟的观点起码可以帮助我们开始质疑，原因与结果之间是否一定要有某些必要的相似性。

反驳二元论：范畴错误与心身互动问题

或许，心身互动问题不足以对笛卡尔的二元论构成根本性的威胁，但如何以二元论的视角来理解人们的行动，却依然是个难题。似乎人们的所有行动都涉及一定的心理事件；与之相反，身体变化，如肾功能的变化则不涉及任何心理事件，它并不受主体直接控制。二元论的观点是，我想吃早餐，于是我决定打开冰箱；做出这个决定是一个心理事件，是我的意志或意愿，它导致了相应的神经细胞运动，最终由我的身体肌肉带我走向冰箱。

但这里存在一个问题：假如意志也被视为一个行动，那么按照这种逻辑，意志行动同样需要一个相关的心理事件；于是，我们只能再次诉诸决定这个意志行动的另一个意志行动，这就陷入了无穷倒退、没有尽头的困境。

或许你会质疑，为什么要认为人的每个行为背后都预设了一个在先的心理活动？反观我们的日常生活，比如做早餐、躲雨、读书，它们都涉及意志行动吗？有多少行为涉及了意志行动？“嗯，”有人可能会答道，“意志行动通常都属于潜意识。”但这个答案可不是笛卡尔式的回答，因为根据上文可知，笛卡尔的理论体系里不能容忍潜意识。而且，如果无法解释清楚这些潜意识是如何产生的，这一回答就同样说服力不够。

无论如何，我们都可以任意活动自己的脚趾，或者主动出门慢跑，甚至决定躺在床上一动不动，等慢跑的念头慢慢消逝。因此，必然存在着不同类型的心理活动，比如，“完全不受自己控制的腿抽筋”与“故意抖腿”背后的心理活动肯定就不尽相同。“故意”“决定”“意图”，这些都值得我们进行研究。但要注意，讨论这些问题的时候千万不要陷入范畴错误。

假设某人的腿摔伤后打了石膏，现在拆了石膏，要重新学习走路。她尝试着挪动自己的腿，却不小心扭伤了。针对这个例子，有人就误以为“尝试”“不小心扭伤”等行为背后也存在着某种心理活动，认为无论何时，只要有行动的意图，这种心理活动就存在。但这种说法并没有很好的理由作为支撑。

当我们故意地、有意地、有目的地做一件事情时，我们就要为这个行为负责，要给出如此行动的理由。当然，这并不意味着任何行动背后都有一个发生在先的心理活动。毋庸置疑，每个行动都会引起大脑里的神经活动，但我们绝对不能在“神经活动产生的感觉”和“神经活动”之间画上等号。下面，让我们再回过来看看笛卡尔的二元论。

A BEGINNER'S GUIDE
PHILOSOPHY
邂逅哲学大师

近代的哲学家们

理性主义者

笛卡尔强调理性是获得知识的方式，我们拥有的理念是先验的。在大学的课程中，常把他称为“理性主义者”，与“经验主义者”形成对比。但实际上，这种区分是非常粗浅的，哲学家们并不能被轻易地分门别类。

斯宾诺莎（1632—1677）：生于荷兰阿姆斯特丹，认为现实具有理性的必然性，幸福生活取决于理性。他认为上帝与自然同一，提倡容忍；也正因如此，他被逐出了犹太教的教会。后来，他一直以磨镜片为生，有人视他为上帝的忠实信徒，有人则视他为无神论者。

莱布尼茨（1646—1716）：德国哲学家和数学家。与斯宾诺莎不同，他曾参与外交事务，誉满世界。作为汉诺威皇家图书馆管理员，他在汉诺威市的黑水逗留了多年。他和牛顿分别独立发明了微积分，他热衷于实验，却认为世界由非物质性的单子组成。伏尔泰曾经嘲笑他竟然把这个世界视为“可能存在的最好的世界”。

经验主义者

与理性主义者不同，有些哲学家特别强调经验感受和经验观察。

弗兰西斯·培根（1561—1626）：持有经验主义的立场。他曾是英格兰的首席检察官，为了试验雪在肉类储存时起到的作用而受凉，最终因感染肺炎而去世。

约翰·洛克（John Locke，1632—1704）和**大卫·休谟**（1711—1776）：在牛顿取得的科学成就的鼓舞下，这两位哲学家成了经验主义的代表人物。洛克认为，自己的哲学研究根本无法与牛顿的相提并论；卓越的苏格兰启蒙思想家休谟则是想在心理学方面模仿牛顿。

乔治·贝克莱（1685—1753）：他曾担任过克洛因教区的主教。他认为，现实世界由灵魂以及灵魂的“观念”构成。他的唯心主义（Idealism）观点可以被总结为“存在就是被感知”，值得一提的是，唯心主义的词源是观念（idea），而非理想的（ideal）。令人惊讶的是，贝克莱竟然赞成焦油水能够治愈很多疾病的观点。对此，心理分析师或许可以大显身手了。

理性主义与经验主义的综合

伊曼努尔·康德（Immanuel Kant，1724—1804）：可与柏拉图和亚里士多德比肩的伟大哲学家之一。通过阅读休谟的著作，他从独断论的迷梦中惊醒，综合了理性主义与经验主义的理论。他还分析过笑话，但他的笑话和分析都说明他的幽默感实在是太差了。

虽然笛卡尔的二元论想要解释清楚，人类的特殊性究竟是什么，但它还得面对一个至关重要的批评，矛盾的是，这个批评就来自笛卡尔本人。他说，考虑到我，即心灵与身体之间的关系，我不仅住在我的身体里，就像一个舵手住在他的船上一样，我还和它非常紧密地联结在一起。与其说这个观点属于二元论的立场，不如说它更强调了人类作为整体的统一性。我们总是能够不假思索地知道手指的位置（幻肢除外），知道我们想要喝水，知道我们的脚有没有被踩到。我们并不会刻意去了解这些，并不像舵手需要刻意了解自己的船。但要注意的是，“感觉到口渴”与“理性上知道自己处于脱水状态”是截然不同的两回事。

笛卡尔自己也认为，心灵与整个身体紧密关联在一起，但他最终还是回到了自己的二元论立场。他解释说，心灵与身体的交互发生在一个特定的地点，也就是大脑中的“松果腺”（pineal gland）。关于这一点，我们其实没有充分的理由相信他，而且即便他所言属实，这种解释也并没有起到任何帮助，心灵与身体的问题仍然是一个谜团。这种解释仍然不能帮助我们理解独立的、不具有物质属性的心灵是究竟如何闯进了一个物质世界，但自然科学却可以把这个物质世界解释得十分清楚。

—·~·—

关于人的存在的讨论就到此为止了。根据以上讨论，我们将转向自由意志的问题。对包括笛卡尔在内的许多哲学家而言，他们都想要相信：正是由于能够自由行动，人类才与众不同。那么，什么是自由的行动，什么是行动的自由呢？

要点总结

PHILOSOPHY

1. **“他心知”问题**：即便可以相信他人的身体存在，虽然这也是可以怀疑的，但我有什么理由相信他人的身体里还存在着心灵呢?

2. **“我思故我在”**：即便可以怀疑外在世界的存在，但人也不能怀疑自己的存在。

3. **“不可分辨者的同一性原则”**：假如两个看似不同的事物拥有所有相同的属性，那它们就是同一个事物。

4. **“同一者的不可分辨性原则”**：如果两个事物是同一的，那它们就拥有无法分辨、完全相同的属性。

5. **二元论**：身体和心灵（自我）是相互独立而存在的。

A BEGINNER'S GUIDE

问题 2

自由意志：什么情况下人应该为自己的行为负责？

假设你踢翻了水桶，砸伤了一个人，那么，你觉得要如何才能避免为这件事负责？

你是否认为有些人天生命好，有些人却天生命途多舛？

海边，有一群小男孩在扔石子玩，石子被抛出后在高空中旋转，但又不得不屈从于地心引力而掉入海中。它们击打着水面，发出巨大的响声。我们可以假设这些石子是有意识的，比如假设它们在想："我正在空中自由翱翔，而现在我又决定俯冲进冰冷的海水里。"这当然只是一种把石子拟人化的修辞手法，因为一旦被这群调皮的男孩扔到空中，它们的运动轨迹就已然无法改变了。

确实，在上面那种假设中，我是在用拟人化的手法来描述石子，但相较于石子而言，我们人类真的拥有更多的自由吗？假如知道石子被抛出去时的力量、角度和风速等，我们可以精确计算出石子降落的时间与地点。毕竟，我们（但不包括我）甚至能够精确计算登月火箭的运行轨迹、着陆时间与地点等。与之相比，人类做决定的过程无疑要复杂得多，但复杂性并不能说明它是一个自由的行为。正如尼采所发现的，纵使计算瀑布中湍急的水流的运行轨迹非常复杂，但按照已知的自然规律，我们的确能预测每滴水滴的运动方向。因此，水流的每一步都是注定的。

此处涉及的哲学难题就是：在自然世界中，我们如何为自由意志（free will）寻找它的地盘。人们都很愿意相信人类拥有自由意志，因此能摆脱自然世界、自然法则或自然规律的束缚，从而自己做出决定。这种观点意味着人类能构建一个“王国之中的王国”，这是斯宾诺莎形容此观点的一个充满嘲讽口吻的术语。

斯宾诺莎认为，上帝和自然是同一的，它们是相同的实体。如前文所述，这种“异端邪说”使他非常不受基督徒和犹太人欢迎。按照斯宾诺莎的观点，人类与其他所有生物一样，都不过是“上帝或自然”的产物，就像波浪是海洋的产物一样。人类和其他所有生物都要遵守自然法则或自然规律，其实和在空中飞行的石子没什么区别。

如果人必须完全服从自然法则或自然规律，那么，赞扬、责备以及加诸人身上的道德责任似乎就是不恰当的。也就是说，我们可以将某些人送进监狱，将某些人送进精神病院，对某些人给予赞扬。但是，惩罚、责备和赞扬都不具有道德含义，而仅仅是纠正行为的一种手段，不过是为了阻止犯罪或提倡某种行为而采取的方法。就像治病需要用药、诊治、使用矫正器、送到相应的诊所一样，惩罚、责备和赞扬的目的也仅仅是矫正人们的行为。

而如果人们无法决定自己的行为，那么还根据他们的所作所为去谈论相应的道德应得（moral deserve）问题似乎就不妥了。因为按照决定论的说法，每个人的所作所为都是被动的，他们只能如此行事，而不能选择其他做法。康德有一个口号能有效地说明这个问题，那就是"'应该'蕴含'能够'"（"ought" implies "can", OIC），即如果人不能选择自己的行为，那他就不应该承担相应的道德责任。

我们先来看看自由意志的重要性，而后再看它能否与刚刚所描述的决定论相容。

道德责任：自由意志的重要性

假设吉尔踢翻了一个水桶，水桶滚下山去，砸死了杰克。从事实上看，吉尔的行为造成了杰克的死亡，因为假如吉尔没有踢翻水桶，水桶就不会滚下山，杰克就不会死。那么，吉尔需要承担道德责任吗？我们要在道德层面上谴责抑或夸奖她吗？

在某些特定的情况下，吉尔或许能逃避道德责任。比如说，她可能是因为受到了外界的干扰，在外力的迫使下不得不摔倒进而踢翻了水桶。换言之，吉尔没有主动踢翻水桶，这并非一个故意行为，而是一个由外界因素所导致的行为。比如在刮大风的时候，一棵树被吹倒并砸到了吉尔，然后她踢翻了水桶，在这种情况下，她的行为就完全是由外界原因导致的，她没有办法不踢翻水桶。

再来看一个设想的情景。吉尔没有杀死杰克的想法，但有人正拿着一把枪抵着吉尔的头，她只有两个选择：要么踢翻水桶、砸死杰克，要么被击毙。这时，虽然她能进行选择，但究竟是否要承担道德责任，仍要考虑其他选择的可行性。

再假设吉尔的确想杀死杰克，但踢翻水桶砸死杰克却是由外界不可抗力而造成的意外，那么，尽管吉尔内心深处想要杰克死，她也不应为杰克的死亡承担道德责任。只有在她想通过踢翻水桶砸死杰克，并且杰克确实被砸死的时候，我们才说吉尔要承担道德责任。而且，吉尔要承担道德责任还需满足两个其他的条件：首先，关于如何对待杰克，吉尔还有其他的选择，但她仍然选择杀死杰克；其次，吉尔有能力抑制内心杀死杰克的欲望和冲动，但她并没有克制自己。

至此，自由意志的重要性和它存在的问题就显而易见了。除了特殊情况，自由意志一般包括自由决定、自由选择和自由行动。在多数情况下，如果人们要决定做些什么，总会有很多可供选择的对象。无论做什么选择，自由意志都意味着，在境遇相同的情况下，人们还能做出其他的选择。正是因为备选对象的存在，因为“能够选择其他行为”，所以人们需要为自己的行为承担道德责任，否则就能像前面提到的吉尔那样为自己开脱罪责。

因此，如果我们能把自己的行为称为自由的，那就是因为它源于我们的自由决定、自由选择，即源于我们的自由意志。如果我们的选择早已被注定或由外界决定，就像石子、瀑布和植物的运动一样，那么，“能够选择其他行为”就只不过是幻觉而已。

决定论：能否选择其他行为

1814 年，法国科学家和数学家皮埃尔 – 西蒙·拉普拉斯（Pierre-Simon Laplace）对决定论有过一段这样的描述：

> 我们可以把宇宙现在的状态视为其过去的果以及未来的因。如果有一个智者知道某一刻所有自然运动的力和所有自然构成的物件的位置，假如他也能够对这些数据进行分析，那宇宙中从最大的物体到最小的粒子的运动，都会包含在一条简单的公式中。对于这位智者来说，没有事物会是含糊的，而未来也只会像过去那般出现在他面前。

当然，这段决定论描述的图景也包括人类在内。在之前的章节中，我们看到了把心灵、自我与身体区分开而导致的问题。我们本能地想把一个人视作一个整体，一个完整的生物个体。当然，与树、泥沼和热带雨林不同，人这个生物体具有心理属性；与牦牛、树懒、苍鹭和鲱鱼不同，人这个生物体能够区分现象与本质，并以概念的方式理解它们，毕竟只有人类才能设计出“经验机器”这种思想实验。

但显然，人类也是自然世界的一部分。现代科学研究已证明，由于某些基因存在，人类至少有一些行为模式是固定的；当然，这些基因只在一定程度上影响着人决定如何行事。但是，一个人的神经结构和受到的教育，即其自然本性和经后天培育而形成的特质，都不是人自己能控制的。假如这种说法正确，那的确就存在着一定的因果链条。我们可以追溯到人类的最初状态，追溯到宇宙大爆炸或任何一种宇宙创世假说，追溯到数十亿年前，追溯到太阳系为自然进化创造了条件的那个阶段。正是它们导致了你和我的出现，导致了我们具有现在的神经系统，甚至导致了我们扔石子、进行哲学写作和阅读等具体行为。

以决定论的视角来看，整个世界的运行都要符合特定的自然法则、自然规律，满足特定的因果关系。简单地说，只要最初的环境与发展规律是确定的，那随后出现的所有事情就都是必然的。必然？好吧，科学决定论并不完全等同于逻辑决定论。在逻辑上，我们可以设想被抛出的石子没有掉落到海里，而是飞向了月球，甚至可以设想它长出了天使般的翅膀。但在我们生活的地球上，石子是不可能飞向月球的。由于地心引力，石子会以大约 9.8 米每二次方秒的速度下落，不存在任何其他情况。在这个世界里，洒了的牛奶无法再流回到奶瓶里，普通人也不能挥动双手就将大海一分为二。

牛顿曾说："我可以计算出天体的运动轨迹和距离，却无法计算出人类内心的疯狂。"虽然决定论并不要求人们一定要计算或预测将来发生的事，但它确实意味着只要知道最初的自然环境及自然运动的规律，我们就完全可以知道将来要发生什么。

决定论也不是指心理决定论，比如声称人的行为全都由自利的心理动机决定。在继续讨论自由意志之前，我们先来看看心理决定论最常见的形态及其立场为何是错误的。

当践行某种行为，比如打扫花园、帮助穷人或者阅读时，你或许会说“我就是喜欢打扫花园”“我就应该帮助穷人”“我就想要读书”。这时，有人就从中得出了一个错误的结论：你的行为完全是为了自己，是为了让自己享受赏花的快乐，逃避内疚的折磨，满足读书的欲望。也就是说，你始终都在追求自己的利益。这个结论意味着，所有行为都不可能是真正利他的，所有的动机都不可能是为了他人的利益。与这个结论犯了同样错误的还有另一个说法，即因为基因是自私的，所以人就是自私的。我们来具体阐述一下这个观点为什么是错误的。

假设所有行为都出自纯粹的自利动机，这个假设或许很有趣，但它与我们看到的许多事不符，因为有时候，人们的行为似乎就是出于纯粹的利他动机。可以看到，正是由于相信“每个人都是自私的”这个理论，你才会将所有行为都看作自私的表现，才会将一位母亲冲进着火的房子里救自己孩子的行为也看作自私的，认为她这样做是为了避免自责或逃避他人的谴责。可是，如果按照这个思路来想，不过是简单地否定了利他主义的存在，而并非通过经验观察发现了利他主义不存在。也就是说，你需要重新界定人们之前所理解的“无私”与“自私”。换言之，有些人“自私地”追求德行，有些人“自私地”追求钱财，而你还是更喜欢前者而非后者。

再回到自由意志和决定论者眼中的世界：一方面，自由意志说明人们的行动是自由的，人们有能力在多个备选对象中做出自己的选择；另一方面，在决定论者眼中，人们的选择和行为早已由神经系统决定了。

这两者似乎是不相容的。更准确地说，在环境始终没有变化的情况下，自由意志要求人们有能力选择不同的行为。而这时就出现了冲突，因为在决定论者看来，人虽然也可以有不同的行为选择，但前提是必须处在不同的环境之中。只有不同的环境，才能导致人们表现出不同的行为。

很显然，假如这个世界已经被决定了，那自由意志就只能是一个谜题，因为人们的行动取决于外界强制性的因素。在这里，我要再次引入休谟关于因果关系的理论，这在前文已经有所涉及。通常，我们会认为是原因“导致或造成”了后续结果的出现，但休谟却否定了这样的看法。他是这样阐述的：

> 与其说用火柴点燃某种气体是爆炸产生的原因，倒不如说是一个事件紧随另一个事件发生，因为其他类似于用火柴点燃气体的事件，也会导致其他类似的爆炸事件发生。所以，我们通常可以这样说，假如没有点燃火柴，那么爆炸事件也将不会发生。

休谟的以上分析存在着许多问题，并且十分复杂，但他其实主要是拒斥了这么一种观点：结果与原因之间存在着一种形而上学的必然联系。因为在某种程度上，科学观察只说明了“现在正在发生的情况，即当一种事件出现在先，另一种事件就出现在后”。最终，人们了解到的只是一些粗糙的规律。当然，这些粗糙的规律也能帮助人们在特定的境遇中做出不同的选择。

A BEGINNER'S GUIDE
PHILOSOPHY
思想聚焦

命定论（Fatalisms）

宇宙科学决定论声称，所有的事件，包括人类的行为在内，都是由以前的事件和自然规律所造成的结果。甚至量子力学的不确定性原理也表明，假若不在亚原子粒子的层面观察自然，自然就具有严格的确定性。以下的决定论彼此之间不尽相同，但都对自由意志提出了挑战。

强命定论：不管你做什么，某些事件都必然会发生。讨论行星的运行时，这似乎是正确的，因为不论你做什么，行星的运动轨迹显然是不变的。但还有一些情况则比较荒谬，比如有的强命定论者或许会告诉你，明天你注定会因被一只蝎子叮咬而死亡，并且无论怎么做，无论你是否去动物园，是否在床上睡一整天，都无法改变这种情况。

弱命定论：与强命定论者相比，弱命定论者会认为你应该在明天中午死亡，但或许也能改变这个命运。比如，假如去了动物园，或许你就能活下来；但假如像原计划一样躺在床上睡一整天，就会有一只从动物园逃跑的蝎子擅自登门拜访，而你则将不可避免地迎来死亡。

懒惰论证（The Lazy Argument）：这一论证源自古代，

内容是“将要发生的事情，将会发生”。的确，将要发生的事情，将会发生；但这并不意味着将要发生的事情，一定会发生。通常情况下，将要发生的事是否会发生，取决于人们的选择。懒惰论证试图说明改变是愚蠢的，因为如果你将要通过考试，那就能通过；如果你将通不过考试，那就不能通过，何必要努力改变呢？但这个论证忽略了，努力改变或许是能否通过考试的关键因素。

真理论证（The True Argument）：指的是，在数千年以前，即便没有人知道今天的你在读书，但“今天的你在读书”也是真的。这似乎是说，今天的你在读书是一种逻辑必然。假如你今天没有在读书，那么在许多年以前，“今天的你没有在读书”就是真的。所以，不管怎么说，今天的你要么读书要么不读书，在许多年前，以上两个命题必然有一个是真的。

这个论证说明了真理存在于时间之中。但即便如此，该论证也应接受质疑。因为只有在你今天读书的前提下，“今天的你在读书”在数千年前才是真的；而相反，仅凭数千年前有人说“今天的你在读书”，并不能得出今天的你必然会读书。

有些读者可能更加青睐非决定论，青睐不可预测性，比如量子理论。我们通常认为，量子理论彻底摧毁了传统的决定论和机械论。或许，从量子层面观察世界的理论只能停留在微观，转瞬即逝。但即便非决定论可以成立，它也无法帮助人们从宏观上解决自由意志的难题。无论亚原子粒子如何运动，水如何沸腾，在没有外力帮助的情况下，人类还是无法飞翔。

即便在亚原子粒子的层面，人们的自由意志、自由选择和自由决定还是能存在于大脑之中，并成为人们行动的原因，比如自由地选择去巴黎旅游。但就如何做出旅游的选择而言，这种亚原子形态的原因也不具有说服力。如果人们做出的选择像亚原子运动一样是随机的，那么它显然与决定论的思想不同，但“随机发生”也绝不是一种自由选择。同样，由于亚原子粒子的运动是随机的，它也不是自由的运动。假如人们的选择、决定和行为都是随机发生的，并且与欲望、品格和信念毫无关系，那与其说人们有了自由，还不如说人们已经疯了。

自发自由：能否做想做的事

尽管“能够选择其他行为”已经比较清楚地说明了自由的问题，但自由意志、自由选择和自由行动还是会让人觉得困惑。或许，以下对自由意志的解释更加准确，并且无须考虑外在世界是否已经被决定了。

假设你决定搬家到巴黎。没人强迫你，你完全愿意这么做，而且有非常充分的理由，比如你喜欢法国菜，你在法国得到了一个非常好的工作机会，你的爱人是巴黎人，等等。于是，你自由地搬到了巴黎。那么，是否因为你还能做出其他选择，所以搬家的行为才是自由的呢？也就是说，尽管你非常喜欢法国菜，非常想接受法国的那份工作机会，或很爱你在巴黎的爱人，但在相同的情况下，只有你仍然可以选择留在伦敦时，你搬到巴黎的行为才是自由的？假设你选择了留在伦敦，这是否能说明你具有自由意志呢？在这种情况下，留在伦敦看似是一个奇怪的选择，所以你需要解释清楚为何要这么做。于是，你要给出更多的理由解释自己的行为，比如以“我想留在伦敦”证明自己真的具有自由意志！

可见，与“能够选择其他行为”相比，人们通常是因为有充足的行动理由才会把自己视为自由的个体。有的时候，由于这些理由过于充分，人们便不会再做出其他选择。在这种情况下，人们有时甚至会说“我没有其他选择”或“我注定了要这么做”，但这并不损害其自由。比如宗教改革的领袖马丁·路德，他显然能够做自己的主，但他也曾宣称“这就是我的立场，我别无选择”。

由上可见，假如根据“能够选择其他行为”来理解自由意志，就会导致误解，因为它包含着“中立”的诉求。“中立自由”（liberty of indifference）是休谟在解释自由意志时使用的一个草率的术语。具体而言就是：“能够选择其他行为”，意味着人们要无视自己做选择时的境遇、理由和动机，不考虑其他选项对自己的价值与践行的可能性，而要对所有选项一视同仁。换言之，行为主体要对行为后果漠不关心，保持中立。

我们还可以从搬家到巴黎的故事中得到其他的启发。或许，判断人们是否具有自由意志的标准是，人们是否能够做他们想做的事，用休谟的话来说，就是具有“自发自由”（liberty of spontaneity）。这个标准是一种相容论的立场，能够解决自由意志和必然世界之间的冲突问题。而之所以说它是相容论的立场，是因为人们做想做的事情、追求想要得到的东西，与外在世界的必然性并不会产生冲突。比如说，当你想要洗澡的时候，就可以去洗澡，而外在世界的因果链条或自然规律并没有发生变化。但是，你的欲望之间会产生冲突，因此这个标准还需要继续修正，并对其进行进一步的说明。

假设有一个人叫卡斯珀，这听起来像是一个风流公子的名字，他喜欢喝酒、女人和音乐。好吧，音乐可有可无。但他一定热衷于挑逗风情万种的女士，喜欢与她们喝酒、调情。他始终在做自己喜欢做的事，并且最终总能得到自己想得到的东西。但实际上，卡斯珀却不是这样的浪荡公子，也不想成为这样的人。他想要把所有的时间都用于哲学思考，阅读柏拉图的著作。

虽然对哲学思考的欲望与外在诱惑并非不相容，在大部分时间里，卡斯珀也都能为了哲学而抵制外在诱惑，但他仍然拥有二阶欲望，也就是对欲望的欲望，不想再反复不断地满足一阶欲望。每当面对二阶欲望时，他就不想再思考哲学，而是想要一遍又一遍地不断接受外在诱惑。因此，屈从于二阶欲望的卡斯珀便失去了自控能力，从而无法得到他真正想要得到的东西。对于这时的卡斯珀来说，要他放弃二阶欲望而重新阅读哲学，就如同拿枪指着他的头，让他把钱交出来一样。

我们可以把卡斯珀与“玩偶”做个比较。在这里，“玩偶”是指那些内心欲望没有冲突的人，他们总是直接地按照本能欲望而行动。许多非人类的动物以及那些被本能的情感或欲望所驱动的、缺乏思考的人，其实都是这样的“玩偶”。

以上例子将为我们引入“自律”（autonomy）的概念。自主性意味着人们自己掌控自己，自己为自己做决定，而没有受到任何外力的胁迫，人们的选择都来源于自己。因此，有些哲学家就区分了高阶自我和低阶自我。不过，说一个人拥有多个自我，这种表述本身就容易引起误解。

这种理论认为，通常情况下，与高阶自我相对应的二阶欲望具有道德上的优先性，但这点很容易被反驳。比如我们设想有一位害羞的年轻女孩，或许她形成这种性格是因为受到了她的保守的清教徒父母的影响，她想要待在家里学习，成为更好的自己。但是，她不想成为父母那样的人，而是想成为一个具有叛逆精神的女孩。对她而言，成为叛逆女孩的欲望（二阶欲望）要高于学习的欲望（一阶欲望），前者要求她疯狂地投入一种堕落、随性和叛逆的生活方式之中。可见，这里的二阶欲望压根不是什么符合道德的欲望。

自律很容易让人联想到政治领域的问题。有些社会更强调保障公民的自由，尽量不去限制公民的行为，而只是阻止公民之间互相伤害；然而，还有一些社会更倾向于主动干预公民的行为，试图帮助公民克服内心的障碍，从而掌握自治能力，做自己真正想做的事情。以下就是一个典型的例子。

许多烟民都想戒烟，可一旦有机会吸烟，他们又总是屈服于想吸烟的欲望。于是，有的政府就出台一些禁烟政策，从外部限制他们的行为。受到这些禁烟政策的影响，烟民可能会逐渐改变自己吸烟的习惯，从而过上真正想要的生活，即克服吸烟的一阶欲望。当然，那些压根不想戒烟的烟民则会觉得自己受到了这些政策的束缚。

在荷马的《奥德赛》中，我们看到，奥德修斯想要聆听塞壬动听的歌声，又怕自己被歌声引诱到巨浪之中。所以，他命令水手用绳索将他绑在桅杆上，并用蜡封住自己的耳朵，这样，当塞壬以优美歌声诱惑他们时，奥德修斯能听到歌声，又不会因受到诱惑而自取灭亡，水手们也能够抵挡歌声的诱惑，并无视奥德修斯在受到诱惑时发布的命令。

在这些例子里，人们的消极自由，即可供选择的机会受到了限制，从而提高了自主性。也正是通过限制消极自由，他们才得到了真正想要的东西。在这里，“liberty”（自由）和“freedom”（自由）是可以交换使用的。

20 世纪中期，以赛亚·柏林（Isaiah Berlin）曾经强调，当政府、伊玛目[①]、大主教或其他权威开始宣称只有他们知道子民真正想要什么，只有他们知道什么最有利于子民，即便子民与他们有截然不同的看法时，

① 指伊斯兰教中的权威人士。——编者注

危机就出现了。因为一个极权主义王朝或许会压迫其子民，侵入他们的私人生活，干涉他们的言论、宗教信仰和兴趣爱好。当然，王朝统治者或许真诚地认为，这是真的在为每一个人着想。按照罗素的话说，这样的王朝是想要“强迫子民得到自由”。这样的王朝，无视子民的抗议，并且坚信只有这样人们才能真正得到自由；只有这样，人们才能拥有积极自由，人们真正的利益才能得以保障，只不过他们自己并没有意识到这一点。这是多么荒谬的理由啊。

即便你的消极自由范围很广，法律也允许你做各种各样的事情，你的有效自由（effective liberty）可能仍然很小。在许多社会里，人们可以自由地拥有游艇，自由地去高档餐厅用餐，或者自由地去私立学校上学。但对多数人来说，这种消极自由遥不可及。这不是人们的有效自由，因为你必须拥有大量金钱，才能选择诸如此类的行为，但你很可能没有这么多钱。除此之外，你还需要具有特定的欲求和品格，关于这一点，我们到政治哲学的部分再进行讨论吧。

自律：能否摆脱运气的操控

现代的政治家喜欢用平等机会、平等自由等术语来讨论社会公平问题。比如说，他们担心穷人受到不公平的对待，因为穷人只能接受较差的教育。于是，他们认为对穷人进行补偿才是更加合理的，比如让他们接受继续教育，或者让他们更容易申请到大学的入学名额。但事实上，那些关爱他人的富人往往只是在口头上承诺给穷人平等的机会，因为他们总是会想尽办法为自己的子嗣谋求更好的生活，比如支付昂贵的学费让孩子上更好的学校，送孩子出国旅游，让孩子继承遗产，等等。

许多人生活得很差，从结果上看，这就是一种不平等或不公正。虽然有时他们之所以生活得差，是因为他们懒惰或浪费了自己的天赋。而对于这类人，人们通常认为，过成这样只能怪他们自己。但是这种看法也有问题，就像我们并不认为盲人要为他们天生的眼盲负责，那这些人为何要为他们天生的懒惰负责呢？假如盲人的例子有效的话，我们就不应该鲁莽地给出上面的结论。毕竟，天生懒惰的人难道不也是因为运气差才具有这样的性格的吗？

于是，问题就变成了：究竟在什么条件下，人们才能培育出真正值得拥有的欲望和性格，才能做到自律？从这个意义上说，政府对人民进行家长式的干预，似乎不应该遭到道德上的抵制。因为很显然，许多人都同意人们的一些欲望应该被改变。比如为了孩子好，我们会教育他们，培养他们健康的饮食习惯，让他们抵制垃圾食品，教导他们热爱学习、抵制暴力电影。政策和风俗也不鼓励吸烟，而是提倡体育锻炼。正如大多数情况一样，关键在于我们该如何划定干预的界限，这是必须搞清楚的问题。

政治领域关注平等机会没什么价值，因为它通常会引出另一个观点，即如果某个特殊群体与普通群体之间出现了差异，那一定是因为社会出现了某些问题。比如说，在学校里，女孩通常比男孩学习成绩好；公司的领导和工程师往往都是男性而非女性；一流大学的学生往往来自重点高中而非普通高中。然而，我们不能仅仅因为存在不平等就认为一定存在不合理，就认为这种情况需要被改变。具体情况要具体分析，我们要具体了解不平等出现的原因，以及问题到底出现在什么地方，如果真有问题的话。而如果要求在疾病、运动、职业和兴趣等方面，都必须平等对待男性和女性，这似乎不是一个显而易见的真理，有时甚至不是真理。

因此，我们必须回过头来讨论这里所涉及的形而上学问题。设想我们为每个人都提供了相同的长笛和长笛课程，但仅仅把这些资源平等地分配给每个人似乎是愚蠢的，因为必然有些人没有学长笛的天赋或兴趣，有些人则有成为长笛演奏家的潜力。所以，更科学的方法应该是，一方面，通过正常的课程帮助具有天赋的人；另一方面，以其他方式帮助普通人培养对长笛的兴趣，提高他们吹奏长笛的水平，比如通过类似于改变基因的生物干预手段等。

让我们来看看以下的思想实验：

职业药丸已经投入使用了，它能够让人们获得某种职业天赋。只要吃下某个药丸，你就能获得相应的天赋，比如获得成为卓越的长笛演奏家、足球运动员或者哲学家的天赋，再比如让你擅长种地、维修下水道或者成为工厂流水线上的熟练工。哲学家是国家的工程师，负责分发药丸，但谁得到哪种药丸，完全是通过公平的类似于抽奖的方式决定的。而与现实世界不同，从事那些最令人讨厌的工作反而能获得最高的报酬。除此之外，我们还假设那些药丸在使人们获得天赋的同时，也使人们产生了从事相关工作、履行相关义务的兴趣。

通过这个思想实验，我们会忍不住思考，我到底是谁，那个控制我自己的我到底怎么形成的。无论药丸是否由国家分发，我们会得到何种药丸，拥有什么天赋，接受什么教育，我们的性格以及与他人不同的欲望和个性等，这些使我们之所以成为我们而不是他人的特性，其实都完全不受自己控制。我们最终拥有什么全凭运气，而这运气或许是好运，或许是厄运。

完全摆脱运气的操纵几乎是不可能的。我们不可能把外在赋予的所有东西都扔掉，如果全扔掉，我们就不存在了，而只剩下虚无。

关于虚无，以及人的存在与虚无的关系，让－保罗·萨特（Jean-Paul Sartre）十分重视。萨特是法国存在主义哲学家，还是一个烟鬼。受到康德的启发，他提出了一个十分有价值的观点，即无论进化论和传统习俗如何影响人的自然天赋与后天培育的特质，人始终都无法逃避选择，所以，最起码我们要把自己看作自由的。即便你相信决定论的思想，你仍然要选择今天穿红色的裙子还是蓝色的裙子，选择是去健身房还是阅读一本启迪心灵的书籍。当然，我们可能会寻求他人的建议，但最终还是要选择是否听从他人的建议。

道德主体：人是否应为自己的行为负责

我们需要把自己视为自由的人，同样也要把他人视为自由的人。人与人之间的关系会导致一些情感的产生，比如愤怒、热爱和同情，又比如羡慕、愤慨和宽恕。我们一生都无法摆脱这样的情感，无法摆脱这种始终与自己交织在一起的感受。陀思妥耶夫斯基曾在谈到一个罪犯时说道，如果我感受不到怨恨该怎么办？如果我眼中的他人不过是自然法则的服从者，那么我原本怨恨的对象就“消逝在风中了，怨恨的缘由蒸发了，冒犯我的人再也无处可寻，对我的侮辱不再是侮辱……这就像牙疼一样，无人可责怪”。

可见，问题的关键在于，我们要把人类视为道德主体，人需要为自己的行为承担责任。但同时，反对的声音也能找到立足点，比如当某人情绪太过激动，以至于无法控制自己时，他可能就不用为自己的行为承担道德责任。这是谈论责任问题时必然会遇到的困难。

假如在某种情况下，比如一个人天生智力有缺陷，或者一个人完全不受自己的控制，我们可以不再追究行为主体的责任，那么这条原则就应该被应用于所有的场合。于是，残忍的暴徒可以宣称自己是无辜的，因为他们不应该为完全不受自己控制的天赋基因和接受的后天教育承担责任；而作对这一辩护的回应，法官依然可以判处他们无期徒刑，因为法官同样也不能控制自己的天赋基因与后天教育，而这两者使他强烈地希望能把暴徒关进监狱。

存在主义（Existentialism）

存在主义包括了一大批的哲学家和艺术家，但他们中的许多人甚至都不知道“存在主义”这个术语。如果一个哲学家关注个体的独特性与唯一性，而不是寻求人类的普遍共性或生活的普遍方式，那么他就可以被贴上“存在主义者”的标签。存在主义者强调人必须自己做出选择，即便会因此而感到痛苦或焦虑；强调人只有通过选择与支持某种价值观念，才能把自己视为自由的存在者。

让－保罗·萨特（1905 —1980）：最著名的存在主义代表人物之一，此外，他的长期伴侣西蒙娜·德·波伏娃（Simone de Beauvoir，1908 —1986）也是存在主义的代表人物之一。萨特深受黑格尔的影响，其口号是，对于每个人而言，即对于“自为”（pour soi）或“为己的存在”（being-for-itself）而言，存在先于本质。这就是说，人类不像树木或汤勺，没有一个固定不变的本质。人类的意识是虚无，只有通过选择，人类才能界定自我。纵使我们想要保持不变或者完全听从他人的命令，但只要我们把自己视为无法改变的存在者，就是一种“自欺”（mauvaise foi）。

索伦·克尔凯郭尔（Søren Kierkegaard，1813—1855）：人们普遍将其视为早期的存在主义者。不同于无神论的萨特，克尔凯郭尔是一名基督徒。他认为，基督教精神奇迹般地连接了现世与永恒。同时，他还强调人们一定要为自己的行为负责。他曾写道："生活，必须前进而行，否则只能被理解为倒退。"克尔凯郭尔特别强调被他形容为"跨越"（leap）的选择，并以此说明理性思考不足以引发行动。他认为，宗教信仰既能带人们超越审美上的短暂快乐，又能带人们超越永恒的道德律令，而这需要人们有一个信仰的飞跃。

弗里德里希·尼采（Friedrich Nietzsche，1844—1900）：他因"上帝已死"一语而闻名天下。他认为，在新的时代，价值需要被重估。过去，基督教精神深深地压迫着人们。那些培育了愤恨、嫉妒和懦弱的价值，都应被拒斥。人应该重新选择自己的价值，因此，他提出了"永恒循环"，而我们也将在本书的最后一章对这个思想实验进行具体阐述。

在现实生活中，人们更愿意奖励或惩罚那些影响到他人的行为。而且在现实生活中，“是否影响到他人”也已经成为人们对他人行为进行道德评价的一个标准。假如吉尔是因为不小心摔倒而踢翻水桶，进而砸死了杰克，那除了劝她以后一定要多加小心，再去责怪她就没什么意义了。假如吉尔是故意杀死杰克，那责怪、惩罚她就是有意义的了，因为在坐牢的时候，这些惩罚很可能会改变她今后的思想，无疑也会改变她今后的行为。然而，正如前面所强调的那样，这种思路过于强调奖赏和惩罚所造成的后果，似乎是把他人视为可操控或利用的对象，而这与我们在日常生活中所采取的态度其实并不一致。

——~——

显然，根据以上的所有探索，我们得到了一个无法令人满意的结论：人们生活在幻觉之中，幻想自由意志是存在的。或者说，自由意志这个概念要么压根不存在，要么自相矛盾，因为它既可以用于决定论的世界，又可以用于非决定论的世界。除此之外，相容论的解决方法同样是一派胡言，因为它竟然要我们相信自我是虚无！

事情还会变得更糟，因为假如科学决定论是对的，那么以上关于自由意志与决定论的思考，就根本不足以说明我们具有理性推理能力，我们的想法只不过是由以前的某些原因造成的必然结果。当然，如果所有人都将死亡，而苏格拉底是一个人，那我们就能在逻辑上推出苏格拉底将要死亡。但是，这种逻辑推理究竟是如何被我们的大脑把握的呢？我们大脑中的神经运动方式究竟是如何与逻辑关系相匹配的呢？

综上所述，我们很努力地想要搞清楚究竟什么是“我”。如果“我”真的存在，我们似乎就是自由的。于是，把以上所有难题综合在一起，我们难免会想知道，随着时间不断流逝，“我”如何持续存在，“我”如何存在于时间之中，如何展望未来、回首过去。换言之，随着时间的不断流逝，随着一年又一年的季节轮替，“我”发生了许多变化，或许变得更加智慧、耐心和老练，或许变得更加衰老、冲动和健忘。可是，在这个过程中，究竟是什么决定了我还是我，还与我是同一个人呢？

要点总结 PHILOSOPHY ●

1. **自由意志**：包括自由决定、自由选择和自由行动，意味着在境遇相同的情况下，我们还能做出其他的选择。

2. **决定论**：只要最初的环境与发展规律是确定的，那随后出现的所有事情就都是必然的。

3. **自律**：人自己掌控自己，自己为自己做决定，而没有受到任何外力的胁迫，人们的选择都来源于自己。

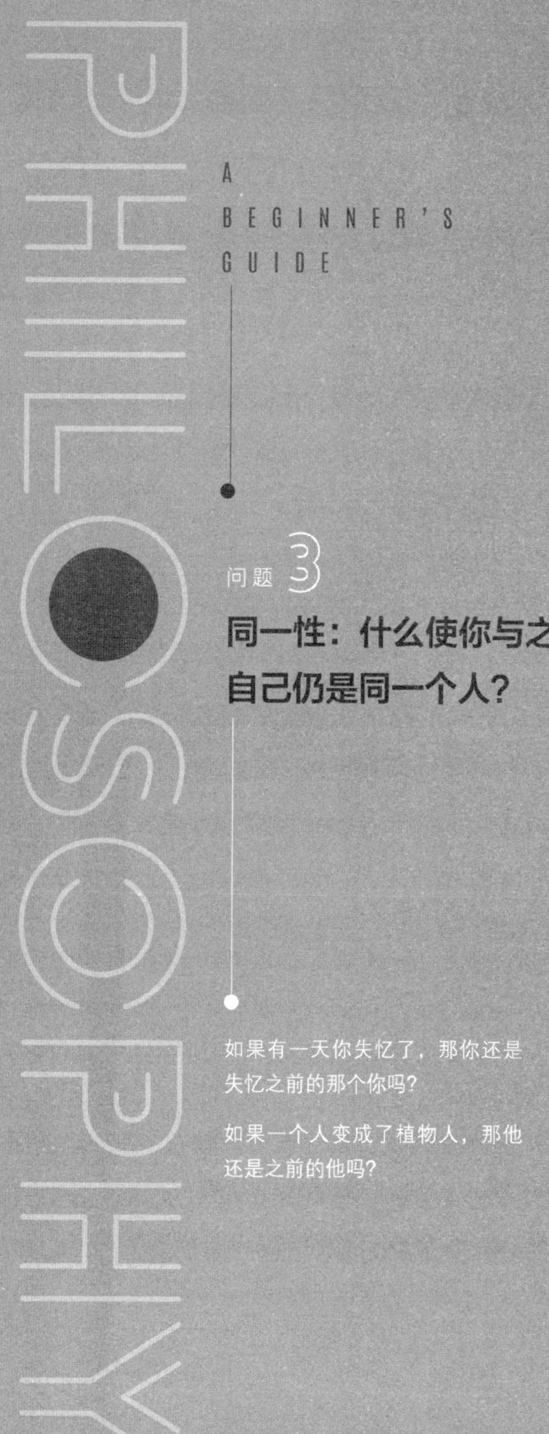

A BEGINNER'S GUIDE

问题 3

同一性：什么使你与之前的自己仍是同一个人？

如果有一天你失忆了，那你还是失忆之前的那个你吗？

如果一个人变成了植物人，那他还是之前的他吗？

清晨，你醒来，知道自己是谁。望着镜子里的自己，你忍不住自言自语道："我还是我。"此刻，你或许格外精神，或许因为添了一缕白发或生了一道皱纹而伤感，但你还是你。无论发生什么改变，你都不会怀疑自己是谁，不会怀疑自己与昨晚睡觉前的自己不是同一个人。你还是许多年前的那个你，那个曾经饲养过一只豚鼠，与老师吵过架，想要改变世界的你。

然而，经过了很多年，你确实也发生了许多变化。想一下，你的身体、态度和信念与小时候是多么不同，你忘记了多少往事，如果幸运的话，你现在对生活的理解又是多么深刻。这些变化说明了两个问题：第一，改变是持久的，无论这些改变是生理的还是心理的；第二，在这些改变之外，必然还存在着不变的东西。

在这一章，我们要谈论的问题是：随着时间的流逝，什么使你仍然是同一个人，同一个自我，也就是什么使你具有个人同一性?

“个人同一性”（personal identity）是一个哲学话题。人的性格会发生改变，他们有时会说“我已经是一个截然不同的人了”，但每次听到这样的话，我都会偷偷嘀咕:“你其实与之前的你还是同一个人，有着相同的记忆和相同的身体。”不过，本章我们谈论的话题是究竟是什么使人保持了个人同一性，这是一个形而上学的问题。

请注意，这个形而上学的问题与认识论的问题不同。比如说，如果想要分辨今天的你与上周和我聊天的你是不是同一个人，我可以通过验证指纹或 DNA 检测的方式来证明。[①]然而，这里所说的形而上学的个人同一性并不依赖于身体的相同。[②]

假如明天、明年或者此后十年，“我”依然存在，那就说明一定存在着某种东西，某种持久的、能够历经时间流逝而保持不变的东西。在第1章中，我们介绍了笛卡尔理论中的自我，知道“我”就是一个非物质性的、不变的实体。除此之外，宗教信仰通常也会提供这样的实体，比如灵魂，而根据灵魂，人就可以构建不变的自我。灵魂不像肉身那样

① 作者在这里的意思是：假如你昨天和 A 聊过天，而今天 A 画了很浓的妆，你无法分辨她是谁。那么，判断昨天的 A 和今天的 A 是否是同一个人，就属于认识论上的同一性问题。但本章所讨论的同一性不是这个层面上的问题，而是形而上学层面的问题。——译者注

② 按照某些理论的观点，假如一个人的身体全部被摧毁而用机器替代，但他的思想、意识等没有发生变化，那么他就还是他。因此，个人同一性的理论并不一定认为身体不同，就不是同一个人；身体相同，就是同一个人。——译者注

会随着时间的流逝而衰败，这就为生命不朽提供了可能性。

但是，这个答案显然也不能帮助我们理解“什么使我仍然是我”，因为与理解什么使我仍然是我一样，理解灵魂同样神秘而不可知。实际上，人们认为灵魂并不存在于空间之中。那么，我们就会感到困惑，为什么人们的灵魂不尽相同，为什么每个人的灵魂都各具个性，具有各自不同甚至是相互冲突的经验感受，而不是形成一个统一的完整的灵魂呢？

心理层面的连续性

上文中我们已经提到，理解个人同一性有两种方式，分别是物理层面与心理层面的方式。17 世纪，著名哲学家约翰·洛克曾设计了许多卓越的思想实验，试图证明心理层面才是理解个人同一性的关键所在。以下是洛克的一个思想实验：

> 假如有一个王子的灵魂，而且他仍拥有关于其作为王子时的生活的意识。与此同时，有一个鞋匠，在他的灵魂离开自己的身体以后，王子的灵魂进入了鞋匠的身体。于是，因为这个鞋匠表现出王子的行为举止，人们就会认为他和王子是同一的人格者。

不管人们的心理状态背后是否存在某种永恒不变的东西，比如灵魂抑或实体，虽然洛克试图证明这种东西确实存在，但他也认为，这种永恒不变的东西与对个人同一性的判断没有关系。只须通过人的意识，我们就可以判定个人同一性。他认为：

> 任何时间，不论是过去几世纪，只要能为意识所扩及，则意识便能把相隔很久的各种存在或行动联络起来，成为同一的人格者，就如它能把方才过去的存在和行动联络起来一样。因此，不论什么主体，只要能意识到现在的同过去的各种行动，它就是同一的人格者，而且那两种行动亦就是属于他的。

洛克把人的连续性分成了两种，即物理身体的连续性与人格的连续性，而正是后者才使我仍然是我。

需要强调的是，对洛克来说，“人格”是类似于一个法庭审判的概念，即它用于判断一个人是否应该为过去的行为负责。如果说你具有个人同一性，那其充分必要条件可以是：十年前，你抢劫了蒙特卡洛银行，并且今天你仍然能回忆起当天的所作所为。假如你仍然记得这是你自己的行为，就充分说明你还是十年前的你；假如你已经忘记了这是你自己的行为，那么你就不再是十年前的你了。这就是说，记忆也是个人同一性的必要条件。

很显然，这种理解会影响到关于惩罚、责怪和奖赏的规则。因为假如你曾经犯过战争罪，但你失忆了，那么即便你和曾犯下战争罪的那个人具有相同的肉身，你也已经和他不是同一个人了，所以对你进行惩罚其实就相当于惩罚了无辜的人，而这是非正义的。

把意识视为判断个人同一性的标准，不仅产生了上述道德和法律方面的困惑，还导致了逻辑上的难题。以下是一个典型的质疑，来自 18 世纪苏格兰常识学派的哲学家托马斯·里德（Thomas Reid）。

> 假定有一位勇敢的军官。小时候，他因为在学校里的果园偷果子而受到了鞭打；在他的第一次战斗中，他从敌人那里夺得了军旗；后来，他成为一位将军。我们还假定，当然，这一假定是非常有可能的，当夺得军旗时，他还记得自己在学校被鞭打的事情，而当成为将军时，他记得自己夺得军旗的事情，却已完全忘记了受鞭打的事情。
>
> 根据这些假定以及洛克先生的学说，我们可以推出，在学校挨鞭子的他与夺军旗的他是同一个人，夺军旗的他与当将军的他是同一个人。如果还存在逻辑真理的话，那据此就可以推出当将军的他与在学校被鞭打的他是同一个人。但是，当成为将军时，他并不记得挨鞭子的事，因此，根据洛克先生的学说，他根本不是挨鞭子的那个人。也就是说，这位将军与那个在学校里挨鞭子的人，既是又不是同一个人。

对于洛克理解的个人同一性而言，里德的挑战可谓直击要害，因为洛克的个人同一性不具有可传递性。但在逻辑上，假如A等同于B，B等同于C，那么A就等同于C，即具有可传递性。不过，相较而言，知觉也不具有这样的可传递性，比如“爱”。举个例子，假如艾米爱贝尔，贝尔爱坎蒂，显然无法推出艾米爱坎蒂。

A BEGINNER'S GUIDE
PHILOSOPHY
思维拓展

洛克之前与洛克之后对个人同一性的认识

斯宾诺莎： 洛克的《人类理解论》写于1690年，因把个人同一性问题引入哲学而广为人知。但其实早在1677年，在斯宾诺莎去世后出版的《伦理学》一书中就有过相关的讨论：

> 有时候，一个人经历了重大变故，我们很难坚持说他还是同一个人。我听过一个西班牙诗人的故事，他患了重病，完全遗忘了过去的生活，以至于不相信他自己的经历和遭受的不幸。假如他不是还记得自己的母语的话，他甚至可以被视为一个已长大的婴儿。

斯宾诺莎还认为，一个老年人相信他与婴儿时的自己有太多不同，以至于他认为自己都不曾是个婴儿，但难道这个老人没有见过其他人是怎么从婴儿逐渐长大的吗？或许，斯宾诺莎也是想要通过记忆的连续性来判断一个人的同一性，就像在他之后的洛克那样。

A BEGINNER'S GUIDE
PHILOSOPHY
思维拓展

休谟：洛克的哲学保留了先验实体存在的痕迹，而休谟则是一个更加彻底的经验主义者，他清除了这些实体的存在，并且这样理解个人同一性：

> 当我反观自己的时候，我完全无法脱离知觉或某些知觉去感知这个“自我”；除了知觉，我无法感知任何事物。因此，正是这些知觉，构成了自我。……假设我们简化心灵，过着像牡蛎一样的生活；假设我们只剩下一种知觉，比如口渴或饥饿……除了知觉之外，你还能构想什么？你还能想出一个自我抑或实体的概念吗?

最多，自我不过是“一捆知觉”而已，包括感觉、思想、记忆和意图等。休谟把心灵比作舞台，认为各种知觉在这个舞台上接续不断地出现。而对于用以表演这些场景的那个地点，或构成这个地点的种种材料，我们一点概念都没有。但千万不要误解，休谟所说的舞台与作为实体的心灵还有一个重要的不同之处，那就是他认为并不存在一个不变的“自我”审视着这一幕幕戏剧。

许多哲学家都受到洛克的影响，甚至包括休谟在内。一开始，这些哲学家认为，自我不具有真正的同一性，而只是一个思想、意图和记忆等知觉持续不断地叠加的过程。在这个过程中，有的知觉更加生动逼真，有的逐渐衰退，有的则彻底消失了。由于人们自始至终都在说“我”，以至于误以为一定有个东西始终存在；这就像我们误以为，在一根长长的绳索里面一定有一根线条贯穿始终一样。因此，或许关键在于叠加的过程。

现在，也许你已经忘了自己在童年时的所作所为，但还记得自己在青少年时期的所作所为；而在你还是青少年的时候，也一定还记得自己在童年时的所作所为。也就是说，你的同一性具有某种心理上的连续性，而不是前后完全相同。不过要注意的是，这种理解方式也存在疑问，因为一个人或许可以回忆起去年的所作所为，却不记得昨天发生的事情。

上述理解方式很好地说明了，我们为何会把植物人理解为已经死亡的人，因为虽然他们的肉体躯壳还在，但他们已经不再拥有意识知觉，也就不再有自我了。但这种理解方式也有无法解释的地方，比如，一个人经历了天翻地覆的变化，但他为何仍然还是他自己？一个人身患老年痴呆症，不再具有任何的心理连续性，但他为何还是他自己？好吧，若要更深入地理解这个问题，需要继续看一下一个更加具有洞察力的思想实验。

物理身体的连续性

假设随着神经科学的发展，外科医生已经可以替换掉人萎缩的脑细胞。在进行手术之前，需要先对病人进行麻醉，而后，外科医生将其神经系统全部复制下来，例如上传到电脑硬盘里。接着，医生再把这个神经系统植入恢复后的大脑，植入完毕后，用新的脑细胞替换掉萎缩的脑细胞。当病人苏醒后，他与之前的自己仍然是同一个人，他的记忆、表达与性格全都与以往相同。我们假设，人的心理状态仅仅取决于人的神经系统模式，毕竟，人的脑细胞每天都在更替，原子和亚原子粒子来来往往。或许有人会质疑这个场景的设定是否合理，但不管如何，让我们先假装它是合理的吧。

有一天，本和贝琳达想要通过这样的手术互换身体。首先，他们会被麻醉，而后医生就开始互换他们的神经系统模式。这样，他们的记忆、表达、信仰和性格就都彼此互换了。醒来之后，拥有本的身体的人会拥有贝琳达的心理状态；而拥有贝琳达身体的人则会拥有本的心理状态。手术之后，或许拥有本的身体的人会说："是的，我是贝琳达，我仍然拥有以往的记忆，也仍然打算学习哲学。但我说话时会发出本浑厚的声音，这简直太诡异了。完了，怎么没人提醒我本的身体经常抽筋，还少了一条腿！"

接下来就是这个思想实验的重点了。假设你是贝琳达，正等着做手术，而这个变态的外科医生明确告诉你，在手术之后，他将开始虐待其中一个人，同时给另一个人足够多的钱财并释放他。你不想被虐待，而且十分喜欢钱财。如果完全出于自利的立场，你会选择让本的身体还是贝琳达的身体得到钱呢？

当然，人们最容易做出的选择就是让那个拥有你心理状态的人得到钱。因此，假如你是贝琳达，你就会建议医生在手术后把那笔钱给本的身体。毕竟，当本的身体醒过来的时候，他会认为自己是贝琳达，然后继续过贝琳达的生活。这个人会记得曾经建议医生把钱给拥有这个身体的人，不要虐待拥有这个身体的人，所以只要医生能信守承诺，这个人就会非常开心。

这个思想实验还有另一个截然不同的版本，称为版本 2。我们暂时先不管前面讲的所有细节。假设你就是贝琳达，被一帮变态医生囚禁了，明天他们将会虐待你。你不希望明天到来，因为明天你会受到虐待，而且是你竭力想要避免的、可怕的、痛苦的虐待。这些医生观察到了你的恐惧，决定做出让步。在虐待你之前，他们会抹去你的所有记忆，当然，并不会抹去你一般的生活常识与语言能力。在正常情况下，人们都会遗忘事情，所以让这些变态医生彻底抹去你的记忆也并不是什么难以接受的事。可是，在虐待开始之前，即便这个身体会说“我不知道我是谁”，即便这个身体和你已经没有任何心理连续性，但你仍然会害怕这个身体遭受虐待。

只要在这个版本的思想实验上附加一些其他假设，它就可以轻易转换成之前的那个版本。然而，与上一个版本相比，在这里你不希望贝琳达的身体遭受虐待。假如医生告知你，他们把你的记忆抹去之后，将会把一套新的神经系统植入这个大脑，比如本的那一套，这时你或许仍然会害怕被虐待。那么，为什么经常出错的记忆、不断变化的意图等能决定我是我，而物理实体、身体的感受却不能决定我是我呢？此外，当你知道你的记忆、意图没有被抹去，而是被植入本的身体里时，你为何又会觉得虐待贝琳达的身体并不是在虐待你呢？

这两个版本的思想实验揭示了如下的难题：很显然，你不希望受到任何虐待，但是，你究竟是不希望这个肉体受到任何虐待，无论里面是谁的心理状态；还是不希望这个心理状态受到任何虐待，无论它在哪个肉体之中呢？

版本 2 的思想实验强调了身体在判断个人同一性中的作用，或许正是因为拥有同一个身体，所以你才是你。然而，根据洛克的观点，“我”似乎可以存在于不同的身体之内。卡夫卡的《变形记》讲述了格里高尔·萨姆沙（Gregor Samsa）的故事，有一天清晨他在噩梦中醒来，发现自己变成了一只甲虫。“我怎么了？”他问道。我们被作者诱导，因而都以萨姆沙的心理状态来判断他的同一性，但这个故事所描绘的一切，完全可以解释为一只巨大的甲虫突然有了记忆，而误以为自己就是格里高尔·萨姆沙。

个体同一性难题

通过心理状态判断个人同一性往往要面临一个难题，即如果这一判断是对的，那么复制人的同一性就是可能的。于是，可以把你的同一性比作一款软件，它可以在多个不同的机器上使用。因而，有可能存在成千上万个“你”，但这实在太荒谬了。或许可以存在成千上万个你的复制品，但这与成千上万个“你”可完全不是一回事。

无论对错，我们都本能地相信，你和我都是生物意义上的实体，是拥有意识的动物。按照某些假说的观点，如果动物性的肉身存在，而意识却游离到他处，那到底该如何判断何者是你呢?

假如一个人大脑的某个半球被摧毁了，他仍然可能活下去。当然，通常他会丧失某些方面的能力。比如说，假如大脑的左半球坏掉了，他通常会丧失语言功能。然而，纵使严重瘫痪或丧失部分功能，只要大脑有一个半球完好无损，他就仍然是他自己。假设以上所说完全正确，那么，让我们再思考一个新的思想实验。

你被麻醉之后，你的大脑被切成两半。将你的大脑左半球植入一个之前没有大脑的身体，并使之与身体完美地连接起来，我们把这个人称为左先生；同样，将你大脑的右半球也植入一个之前没有大脑的身体，并使之与身体完美连接起来，把这个人称为右先生。左先生和右先生都醒了过来，他们都拥有你一半的大脑，但也都有着不同程度的瘫痪和功能缺失。请问，哪一个人是你?

如果你的大脑只有左半球正常工作，而且你依然存在，那左先生就应该是你；同样，如果只有大脑右半球能正常工作，那右先生也应该是你。这时，我们再回忆一下同一性的可传递性：如果你与左先生是同一的，你与右先生是同一的，那么左先生与右先生就是同一的。所以，你应该既是左先生，也是右先生，但这并不符合我们的直觉。虽然左先生与右先生都拥有和你相同的记忆、思想等知觉，但当左先生和右先生对视的时候，他们并不会认为彼此是同一个人。左先生既不知道右先生如何看问题，也不知道他的脑子里究竟在想什么，反之亦然。按照笛卡尔的观点，心灵、自我都是不可分割的。可是，假如左先生开枪杀死了右先生，左先生也并没有自杀啊。

经过刚刚假设的这个神经手术，也许可以视为你已经死亡；然而，假如右先生并不存在的话，我们又很容易就把左先生看作你，反之亦然。正如这个思想实验的创始人德里克·帕菲特（Derek Parfit）所言："为何双倍的成功却成了一次失败？"

关于复制这一难题，还有许多变形版本的思想实验，它们都指出了以心理连续性判断个人同一性所存在的问题。可以说，问题之所以存在，是因为我们太执着于"同一"。或许，想找到牢固的同一性概念，就不能将其理解为保持不变和持续存在。比如说，我们可以很轻易地说那艘船、那棵树、那个手提包与我们去年看到的一样；而与之同时，我们也能认识到它们所发生的变化，甚至是彻底的变化，比如那艘船换了新的帆，那棵树开了花朵，那个手提包打了补丁。

相较于同一性，相同性（sameness）似乎允许事物随着时间的发展而出现不同程度的变化，例如那艘船、那棵树和那个包都只在某种程度上与以前相同。假如这样的话，我们或许也应该开始接受人或人的意识能够被分割，也就是说，裂变或许存在。用前面的例子来说，就是你或许既在某种程度上是左先生，又在某种程度上是右先生，而不需要将左先生和右先生视为完全相同的人。而且，即便左先生和右先生没有直接的联系，也可以在某种程度上把两人视为同一个人。

我们想一下这个世界原本的样子，暂时忽略那些奇奇怪怪的思想实验。在某种程度上，你与不久前的那个青少年时的自己是相同的人，虽然与多年前那个童年时的自己的相同程度更低一些，但也是相同的人。在某种程度上，现在的你，与二十年后的你也是相同的。这种观点由阿登·莱昂（Ardon Lyon）提出，但在当时并没有引起太多人关注，直到后来，由于德里克·帕菲特，这一观点才开始为人所熟知。在一个修订版的理论中，帕菲特避开了个人同一性问题，他告诉我们，真正重要的是继续存在下去，自我同一性只是相同程度上的问题。莱昂同样认为，两者相同只不过是某种程度上的相同。

现在的你期待即将到来的假期，期待退休后的养老金，但得到它们的却都是将来的你，用帕菲特的术语说，也就是“晚期自我”（later selves）。于是，自利与利他之间的巨大割裂或许就得到了缓解。毕竟，你现在的所作所为都是为了你的将来着想，更准确地说，是为了将来那个只在一定程度上与你相似的你着想，这也就意味着现在的你一直都是在为他人着想。可是，假如能这样理解晚期自我和他人的话，就会引出新的责任问题。来看看下面这个描述：

> 出于自利的动机，夏天，蚂蚁辛勤劳动为冬天储存食物，而蝗虫则只是唱歌、欢蹦、跳舞，面朝阳光、活在当下。于是，冬天来临的时候，蚂蚁有储备物资，蝗虫却一无所有。

问题是：难道仅仅因为夏天的那只蝗虫鲁莽、不负责任，冬天的蝗虫就应该遭受饥饿的折磨吗？毕竟按照帕菲特和里昂的观点，它们两者并不是同一的。所以，如果把现在的你与未来的你只看作某种程度的同一，那么，如何以连贯的态度对待同一个人就将成为一个难题。因此，即便基于相同的心灵因果链或心灵连续性，我们仍要区分哪些将来的自我和我是同一的，哪些将来的自我和我不是同一的。

除此之外，凭借记忆或心理连续性来判断我是否仍是我还容易陷入循环论证。例如，心理连续性不仅要求我记得有人偷苹果这件事情，还要求记得是我偷了苹果，而不是彼得·卡夫，即本书的作者偷了苹果。因此，具有心理连续性要求我知道是我做了那件事，而人们又要依赖心理连续性才能知道做那件事的人到底是不是我，这就陷入了循环论证。

死亡对个体的影响

以上，我们探讨了自我如何持续存在的问题，这很容易引起我们对存在的终点——死亡的兴趣。或许存在争议，但我们假定死亡是彻底的灭绝。如果把持续存在看作一系列自我的连续更替，其中，每个自我之间都紧密相连，且具有某种程度的相似性，那么，人就自始至终都在不断经历着某种程度的死亡，或者说，大部分时间里人们都在经历死亡。作为婴儿的你，已然不再存在；现在正在读书的你在某种程度上是作为婴儿的你的延续，但明年，这个你也将不复存在。因为明年的你，只在某种程度上是现在的你的延续。

听到以上的观点，可能有些人会非常开心，并欣然接受。因为假如持续存在，即活着只不过是许多相似体的连续更替，那死后继续存在就是有可能的。肉体死亡之后，可能还有新的相似体继续存在下去，比如可能有人受到你的影响，与你持有相似的信念、观点，或者拥有关于你的记忆等。

相较而言，我们这些把持续存在（活着）看作物理实体（肉身）之存活的人，都明白这个物理实体终将消亡。那么，如何发自内心地不再担心死亡就是一个值得思考的问题。关于这个问题，我们可以求助于古典时期的论辩，有一句格言对其进行了精妙的总结：

> 死亡来临的时候，我们就不存在了；我们存在的时候，死亡就没有来临。

这句话出自伊壁鸠鲁（Epicurus）。伊壁鸠鲁是公元前 4 世纪时的一位哲学家，毫无疑问，他是一位伊壁鸠鲁主义者。需要注意的是，伊壁鸠鲁主义的内容在后期发生了巨大的改变，而伊壁鸠鲁所说的幸福，并不像后期伊壁鸠鲁主义者那样，过分强调对感官快乐的欲求。他认为，幸福在当下就是完美、完整的；纵使幸福的时间再长，也不会使幸福变得更加完美或完整。出于对死亡的恐惧，人们或许迷信死后的世界，或许绝望地在此生寻求更多的满足，但这两者都将腐蚀日常的幸福生活。

公元前 1 世纪的罗马哲学家卢克莱修（Lucretius）设计了一个清晰的论证，并以此来支持伊壁鸠鲁的立场。以下是他的论证：

前提 1：当且仅当一个人对事件有了经验感受时，对他而言，该事件才能被评价为好的或坏的。

前提 2：死亡的人无法拥有任何经验感受。

结论 1：对于死亡的人而言，任何事件都既不是好的，也不是坏的。

前提 3：当且仅当某事件对一个人而言是坏的时，他害怕该事件才是合理的。

结论 2：害怕成为死人，是不合理的。

这个论证其实还需要修正，因为它最多说明了对死者而言，死后发生的事情不是坏事，但不能说明死亡过程对将死的这个人来说不是坏事。而死亡过程的坏处就在于，它将导致人死亡，使人成为死人。

不过，就这个论证而言，其最大的问题在于忽视了死去的人将失去他们的未来。对此，有一个简单但有误的反驳：这些人本来就没有未来，又怎么谈得上失去未来？这种荒谬的推理让我联想到了另一个差劲的论证，即我们永远都无法避免意外的发生，假如避免了，它们就没有发生，因而就不是意外。

为了捍卫自己的观点，卢克莱修强调，我们无法把“你死后的、完全不存在的岁月”与“你本该死但没有死成时额外获得的岁月”进行比较。真正能够进行比较的是“真实的生命跨度”与“假设的、更长的生命跨度”。你失去的，只是想要拥有却没能拥有的岁月。除此之外，即便死亡能够让你失去一些东西，但由于你已经不存在了，所以你也意识不到失去了什么。就像第 1 章中所说的“背叛”那样，厄运会降临在我们身上，但有时我们对此一无所知。

进一步说，即便我们不存在了，厄运仍会降临到我们身上。这就是说，人的存在超出了其肉身，超出了其出生与死亡。所以，你出生前的某个事件可能会伤害到你，例如，母亲在你出生之前吸毒，而这导致你的健康状况很差。从中，我们也可以看到上天的不公平，因为有人家境好、聪明、有天赋，有人则不然。在第 5 章中，我们会提到，机会平等主义者就想通过政治的方式对生而存在的不公进行补偿。

总而言之，不同于卢克莱修的观点，我们死后，我们消失殆尽之后的事件似乎仍然能够伤害我们。比如说，当肉体不再存在之后，他人仍然能继续污蔑我们的声誉。有一个看似矛盾的说法是：只有面对死亡，我们才能理解生命的意义，死亡正是生命的坚实根基。若要理解一个幸福、繁荣、有意义的人生，死亡是不可或缺的前提。当然，幸福的人生涉及道德的问题，所以，就让我们转向道德，看看应该如何生活吧。

要点总结 PHILOSOPHY

个体同一性难题：

1. 通过洛克所说的意识判断个人同一性，会面临道德、法律上的困惑，并且违反逻辑上的可传递性。

2. 如果通过心理状态判断个人同一性，会面临可以复制人的难题。

3. 通过记忆或心理连续性判断个人同一性，会面临循环论证的难题。

A BEGINNER'S GUIDE

问题 4

道德哲学：什么是真正道德的行为？

如果你在路上捡到一大笔钱，失主也完全不缺钱，那么将这笔钱物归原主、捐献给急需钱的弱势群体、自己留着，你认为哪种选择是最道德的？

假设厄斯金是你的好朋友，他躺在病床上，奄奄一息。你陪在他身边，向他承诺，一旦他去世，就把他藏匿起来的现金转交给他年轻貌美的情人利蒂希娅，但她对这笔钱一无所知。厄斯金去世了，正当你准备去找利蒂希娅之前，你忽然发现利蒂希娅是一个非常富有的交际花，厄斯金本人也早就知道。同时，你还惊讶地发现，厄斯金还有前妻和女儿，她们都深爱着厄斯金，为他的死感到悲伤，并且一直生活在贫困中。毫无疑问，你现在可以任意处理这笔钱，可是，你应该怎么做呢?

人们的第一反应通常是，将这笔钱占为己有一定是错误的，无须多想。确实，假如从道德的维度来考虑应该如何行事，将钱占为己有是错误的。从表面上看，道德与自利通常是对立的。当然，它们偶尔也表现出一致性，比如看见有人落水，在情感上，即自利维度上，你想要救助他，同时在道德维度上，你也应该救助他。但从本质上来说，出于自利或个人欲望的行为与道德行为不是同一回事。这种观念源自我们接下来要探讨的一个问题：人类是否可以依赖纯粹的道德动机，而不依赖任何涉及利益的动机来行动？关于这个问题，我们在讲自由意志时已有所涉及，谈到了人类行为是否都是出于自利的动机。

回到厄斯金的事例。有人坚称，永远都不应该背叛自己的誓言。有人主张，就应该把钱转交给他的前妻和女儿，纵使背叛誓言也无所谓。或许还有人更无私，认为应该把这笔钱捐出去，拯救更多处于饥荒中的人。“何必仅仅偏向一个家庭？”他们认为，当声称“我没有违背誓言”时，你所关注的其实不过是自己的品德或声誉罢了。

这些不同的答案其实涉及不同的道德理论或伦理理论，因此，下面我们将会转而讨论这些影响深远的理论。我们会探讨这些理论的原理或原则是否在日常的道德常识中发挥着重要作用。当然，我们还会探讨一些哲学家是如何使用“伦理学”（ethics）和“道德”（morality）这两个概念的。

为了避免混淆，我还需要提醒大家：很多关键的道德术语，比如“好 / 善”（good）、“应该”（ought）、“正确”（right）以及它们的对立面，都有非道德的用法与含义。

先来看“应该”这个词。或许你吃饭应该使用刀叉，但这个“应该”只涉及生活习惯或用餐礼仪。假如你去前线作战，你应该考虑好撤退的策略；假如你要追求权力，你应该想好如何压制你的对手。这种“应该”是在向我们推荐手段或方法，以便实现某个特定的目的，但并不涉及这些目的和手段是否道德。与其说它们是不道德的（immoral），不如说它们是非道德的（amoral）。再来看“好 / 善”这个词。我们或许认为默万威是一个好的剧作家，但这并不意味着她是一个好人。同样，好的刀子说明刀子锋利，好的盗贼说明偷盗技术卓越，但他们都不能因此而得到道德意义上的赞誉。

义务论：恪守道德原则

有些人坚称，我们必须恪守道德原则，其中最著名的便是康德。他们认为，诸如违背誓言这样的行为，在道德维度上始终都是错误的。具体来说，只有在一个道德原则与某个更高的道德原则互相冲突的情况下，人们才能根据更高级的道德原则行事，而违背低级的道德原则。举个例子，假如我们必须在违背誓言和谋杀之间做选择，那么一条道德原则就必须让渡于另一条道德原则。而在这里，虽然遵守誓言和不杀人都是绝对义务（absolute duty），但要如何进行选择其实是显而易见的。

以上便是义务论（deontology）的应用情况，而在“deontology”这个词中，“deon”的意思便是义务或责任。道德义务依赖于某些具体的道德原则，这些道德原则决定了人们的基本权利。义务论与人们对上帝的信仰和谐一致，但并不依赖于信仰，其一个重要区别在于，义务论要求人们服从道德原则，而上帝要求人们服从他的命令。

义务论面临的一个最直接的难题是如何揭示道德原则。如上所述，诉诸上帝是方式之一。但是，康德推理出了自己的方法，即他经常提到的“定言命令”（categorical imperative），他认为这是所有道德原则的根基。定言命令有许多种表达方式，稍后我们会讨论其中最核心的一种。定言命令的精髓在于，永远都不应该把人仅仅视为实现目的的手段，人就是目的本身。我们要尊重人类，因为人类是自律的主体，即自由且能自我管理的，拥有自己的权利。这种尊重意味着我们要遵守许多原则，例如在与人相处时要坦诚，而不要考虑任何后果。假如违背了誓言，那我们就既没有尊重厄斯金这个应该被以诚相处的主体，也没有尊重自己的理性和尊严。

功利主义：追求人类幸福最大化

康德的义务论与道德理论中的另一派，即结果论存在冲突。结果论认为存在一个至高无上的原则，即行为是否道德都取决于行为的后果。结果论理论中，最著名的就是功利主义（utilitarianism），以杰里米·边沁（Jeremy Bentham）和约翰·斯图尔特·密尔（John Stuart Mill）为代表。直到现在我们还可以看到边沁先生，他的遗体穿着生前的衣服，再配着一个蜡像头，安坐在伦敦大学学院里。[①]

根据功利主义的思想，正确行为是效用最大化的行为，但“效用”并不能被理解为“有用”，而是指人类幸福的最大化，也有人认为是人

① 边沁是伦敦大学学院的精神之父，根据他的遗愿，他的遗体被陈列在伦敦大学学院。但在边沁过世后，对其头部的处理出现重大失误，所以就用一个蜡像头部代替了损坏的头骨。——编者注

类痛苦的最小化。这个理论需要人们展望未来，并根据未来可能出现的结果来判断当下如何行动才是道德的。而与之不同，义务论的立场是回溯过去，因为一个人当下的义务取决于曾经发生的事，比如许下的誓言。

功利主义最经典的理论是边沁的最大幸福原则，即正确行为是使最大多数人获得最大幸福的行为。当然，无论是从学术上还是从实践上，都曾有许多人对如何界定幸福，以及如何判断行为的结果进行争论。就本章开篇提到的这个情景来说，假如把钱给利蒂希娅，她获得的幸福可能是微不足道的，而假如把钱给厄斯金的前妻和女儿，显然能够带来更大的幸福。而且，厄斯金已经去世，他也不会因为你违背誓言而感到任何痛苦。因此，站在功利主义的立场上，忽略同一性问题中提到的死后伤害，把钱给需要钱的母女就是道德行为。当然，假如其他选择能够带来更大的幸福，比如把钱用于救济处于饥荒中的难民，那就应该选择这种行为。

继续往下想，假设厄斯金的女儿获得了这些财产，那么，她可能用这笔钱买了毒品，彻底毁掉了自己的生活，甚至怀孕生下一堆孩子，而这些孩子长大以后都变成了杀人犯；她也可能用这笔钱研究出了治愈某种顽疾的方式，拯救亿万生命。这些结果都是有可能发生的，但我们没有充分的理由对其进行预测。因此，功利主义和日常生活一样，都只能依赖于理性的假设。

从表面上看，功利主义提供了一个能评价所有行为是否正确的简单的原则，解决了道德难题，使道德领域的海面平静了下来。但实际上，在功利主义平静的海面之下，问题与争议一直波涛汹涌。的确，因为在计算幸福总量时，每个人的幸福都要计算在内，所以，幸福最大化原则必然会导致这样的情况：假如使一个人痛苦能够为其他所有人带来更大的幸福，那就应该这样去做。

功利主义的批判者认为，功利主义只是把人看作幸福的容器。按照这个思路，只要让人口越来越多，并让这些人略感幸福，幸福总量就能提高很多，也就得到了幸福最大化。然而，我们似乎又觉得，一个更幸福的世界不应该是幸福总量，即世界人口足够大，而是应该让每个人都过得更加幸福。当然，这样做也并没有剥夺从未存在过的人的幸福。简而言之，要想实现幸福最大化，究竟是应该通过增加幸福之人的人口总数，还是通过让现存的每个人更加幸福呢？

我们通常认为，幸福就是获得快乐、没有痛苦。边沁在自己的小册子里写道，假如能够获得同样的快乐，那类似于图钉游戏这样的小孩子玩的游戏就和诗歌一样好。当然，也有些下流的人认为，图钉游戏是性爱的委婉表述。

密尔深受边沁的影响，他读过边沁的小册子，对其既支持又反对。他否定了这个图钉游戏和诗歌的等式，而是认为，有些快乐是更加高级，更有价值的。有人认为，功利主义就是支持满足自己的欲望，这种理解肯定不适用于密尔的功利主义。在密尔那里，图钉游戏、足球和性等欲望的满足，带来的都是低级的快乐，而高级的快乐来自诗歌、哲学和友谊等。

密尔有一句名言："做一个不满足的苏格拉底，远好过做一只满足的猪。"根据这个说法，我们或许可以认为，在计算幸福总量的时候，密尔是将动物的感受也计算在内的。边沁也是如此，他认为，道德问题所关注的对象，既不取决于他们是否有理性，也不取决于他们是否能使用语言，而是根据他们能否感受到痛苦。边沁希望，有一天，"人性可以覆盖到所有能够呼吸的生命"。边沁反对物种主义，认为我们不应该无视其他物种的痛苦，而仅仅因为它们属于另一个物种。

密尔偏爱苏格拉底似的而非像猪一样的人，这可不是什么怪癖，因为我们都不得不承认有些生命比另一些生命要更加完满。或者说，相较于快乐，密尔是在更宽泛的意义上理解幸福昌盛。而幸福昌盛意味着我们要进入这个世界，并获得自身的卓越。回想有关身体与心灵的问题中提到的经验机器，虽然密尔很可能让我们按照自己的自由意志做出选择，但我们可以推测：他并不建议使用这个机器。

或许很令人惊讶，但密尔的功利主义直接引出了他影响深远的自由原则（Liberty Principle）。密尔提倡自由，他认为人们要实现自身的卓越，就要有选择的机会，即所谓的消极自由，使他们能以自律、自我管理的方式成为一个积极的主体，获得所谓的积极自由。但这也存在着明显的问题，毕竟通过自我实现，即自律、自我管理的方式成为卓越的盗贼或骗子，可不是道德意义上的善。于是，密尔的自由原则提出，在要求自由最大化的同时，不能伤害他人。

根据上文所述可见，密尔的自由原则与其功利主义也存在着一定的冲突。或许，要想幸福最大化，就应该鼓励人们顺从，就应该限制人们选择的机会。想象一下，面对琳琅满目的商品，我们是多么犹豫不决；面对本能的欲望，我们又是多么愚蠢。假如要用密尔的思想来反驳这种家长主义的观念，或许应该说，幸福需要自律作为前提，而自律是实现自我卓越的关键部分。

想要理解密尔所说的幸福，就要从多个方面来理解，比如高级和低级快乐、自律的价值、友谊，甚至高尚与尊严等。这受到了边沁功利主义信仰者的质疑，因为边沁的功利主义要求我们计算幸福的总量，而密尔的功利主义却违背了幸福的同质性和简单性。一旦认为幸福昌盛的人生有许多不同的价值，而它们彼此之间不可公度，就无法以统一的计量单位对它们所带来的快乐进行计算。因此，当需要在不同的行为之间进行选择时，我们就无法权衡彼此，无法做出决定。

美德理论：道德存在两难困境

虽然功利主义者和义务论者使用了不同的推理方式，并且对厄斯金式的困境给出了不同的答案，但他们具有一个关键的相似性，即无论依据道德原则还是单一的结果论原则，他们都采取了价值中立[①]的立场。功利主义者审视了作为整体的幸福，既考虑到每一个人，也考虑到所有人。他们追求中立，不考虑个人情感，不偏不倚，认为每个人的利益

① 指这两种道德理论都是中立的，即判断行为是否道德时，与个人的欲望、喜怒哀乐等无关。——译者注

都重要，但每个人都处于平等的地位。而义务论者推导出的道德原则，则对所有人都同样适用，不偏不倚。因此，有人对这两个理论进行批判，认为它们过于中立、冷漠、不偏不倚，以至于未能把握道德关怀的实质。

以上批判来源于对个体的关注。一个人究竟该怎么做才能得到快乐，才能繁荣昌盛？批评者认为，所有问题的起点应该是个体自身，以及他们自己的幸福。这似乎是一种利己主义和享乐主义的观点，看似与关注“他人”的道德相悖，但其实并非如此，即便从自我的立场出发，仍然能推出道德。

关于对个人幸福的追求，我们往往会将其与亚里士多德联系在一起，指人类对快乐（happiness）、兴旺（prosperity）、繁荣（flourishing）的追求，而这三个词也通常被用来翻译古希腊语的“幸福”（*eudaimonia*）一词。密尔的功利主义试图在最大程度上追求所有人的繁荣，而亚里士多德主义，如今被修正为“美德理论”（virtue theory），它更关注我们应该成为什么样的人，如何实现自我的繁荣和发展。

美德理论认为，有一些基本的品格特性能帮助人们实现个人的繁荣发展，同时也赞成其他人以不同的方式实现自己的目标。没有任何一种品格可以确保人们一定能得到幸福，但某些品格可以增加人们实现目标的可能性。来看一个典型的类比：不吸烟是一个明智的行为，然而，不吸烟无法确保人一定不得肺癌，吸烟者也未必一定会得肺癌，只是吸烟者得肺癌的概率相对更大一些。

那么，哪些品格特性能够增加人们获得幸福的可能性呢？对了，我并没有忘记你对厄斯金的承诺，在讨论的过程中会再回到这个问题。

设想你有孩子或兄弟姐妹，你希望他们长大后成为善于欺骗他人、刻薄、不道德的骗子吗？当然，有时说些谎话在所难免，但你一定希望所有人包括你自己都是言而有信、善良、和蔼的人。设想有一些政治家，他们通过欺骗、暗箭伤人和残忍的方式获得了权力；与之相反，还有一些政治家没有做这些见不得人的事就获得了成功，当然，我们乐观地认为这是可能的。可想而知，前者必然无法获得信任，他们也会被他人背叛；而后者则能拥有真正的朋友，而且对自己问心无愧。或许一个国家的总统和首相偶尔会弄脏自己的手，按照马基雅维利（Machiavelli）的观点，为了保护国家和民族的安全，他们可能要欺骗他人，甚至对他人进行暗杀。但通常情况下，人们更希望通过正确的方式，即善良、诚实和值得信任的、慷慨大方的、愿意面对事实的方式来获得成功。这些品格特性被视作“美德”，因为它们通常能让人们获得幸福的人生。

如果你交朋友或友善地对待他人纯粹是出于自利的目的，比如让别人欠你人情，以防哪天你需要他们的帮助，那么你或许不会认为自己是一个善良的人。如果他人发现了你的动机，他们会感到自己被利用了，友情被玷污了，他们或许不会再和你做朋友。所以，真正的友情和善良需要真正为他人着想。拥有美德，就意味着你拥有了正确的动机。正因如此，美德理论与利己的享乐主义截然不同。

那么，按照现代美德理论的看法，面对厄斯金的状况时，一个具有智慧和美德的人究竟该怎么做呢？嗯，如果你没有智慧和美德，那你就很难找到这个问题的答案，也很难知道谁才是具有智慧和美德的人。而无论一个人多么有智慧和美德，他也无法针对厄斯金的困境给出一个确定性的答案。对很多人，当然，并不是对所有人而言，道德选择是真正的两难困境，而它在某种程度上取决于个人是否有充分的理由为自己的行为进行辩护，在今后的生活中能否不为自己的行为感到后悔。因此，一个具有智慧和美德的人或许会同情厄斯金的前妻和女儿，因而决定违背诺言；但我们还可以想象，有些正直的人就是要恪守承诺，并为此而感到自豪。

太多的事例和看待问题的方式都说明，没有一个绝对正确的答案能够适用于所有人。而这正是道德的一个重要特性，即功利主义和义务论都无法给出一个令人满意的答案。

物种主义：差别对待其他物种

义务论和功利主义都寻求价值中立的观点，而亚里士多德的方法则引导我们进入个体或主体的特殊视角，进入个体在世界上的独特位置，这是一个有倾向性的、以个体为中心的视角。例如，人们或许更重视忠诚于自己的家庭，而非所有人的正义；或许更重视与自己关系密切的人，而非不太熟悉的人；出于天性，母亲想要保护自己的孩子，而非某个陌生的小孩。按照爱德华·摩根·福斯特（E. M. Forster）的说法，人们宁愿背叛祖国，也不愿背叛自己的朋友。

A BEGINNER'S GUIDE
PHILOSOPHY
思想聚焦

三种主要的道德理论

着眼何处

功利主义：着眼于未来，着眼于行为结果或行为可能导致的结果。

义 务 论：着眼于正当性，着眼于个体如何正当地对待他人。

美德理论：着眼于品格，着眼于成为什么样的人。

寻找何物

功利主义：寻找如何使整体的幸福最大化。

义 务 论：寻找理性人都能接受的、普遍的，并且没有任何矛盾的义务。

美德理论：寻找最有利于人们实现幸福的品格特性。

主要优势

功利主义：毫无偏见地看待整体福利，抵制痛苦，而这个整体也囊括了所有非人类的动物。

A BEGINNER'S GUIDE
PHILOSOPHY
思想聚焦

义 务 论：尊重个人以及自律精神，彰显了对普遍性的诉求。

美德理论：认识到道德要面对具体的境遇，道德存在两难困境。

主要劣势

功利主义：为了整体福利，它可能会侵害到少数人的幸福；它需要说明如何才能公平地分配幸福。

义 务 论：揭示义务的过程不够清晰，不能确定哪项义务具有优先性，看似过于死板、冷酷。

美德理论：可能导致把道德视作与文化相关的相对概念，无法给出清晰的行动指南。

这些例子不仅说明了人的天性要求人们做什么，而且说明了人们应该做什么。人真的能够过上一种不偏不倚、毫无偏见的生活吗？那会成什么样子？让我们来看一下一个备受批评的理论，即物种主义（speciesism），前文也曾提到过。

物种主义被视为性别歧视主义（sexism）和种族主义（racism）的近亲，强调要差别地对待其他物种，比如说，可以用黑猩猩做实验，而不能用人类婴儿；可以吃猪肉，而不能吃人，但它并没有为这些观点和现象提供令人信服的原因。

实际上，现在通常认为，对于非人类的动物所遭受的痛苦，我们应该给予更多的道德关怀。当然，这并不是说如果只能拯救一个生物，我们应该去救宠物猫，而不是去救小孩。毫无疑问，我们会按照天性做一些事，但这远远不能说明它们就是应该去做的事。人类有许多自然倾向，比如贪婪、复仇、憎恨，这些我们都应该去克服。我们应该认识到，有些天性符合道德诉求，有些则不符合；然而，并不会有一个标准从天而降，让我们用以对各种天性进行审核，并告诉我们如何去做。

间接功利主义：对选择进行计算

美德理论把幸福理解为繁荣发展，就此而言，功利主义可以在某种程度上向其靠拢。虽然功利主义是一个不偏不倚的理论，在乎所有人的幸福，但它也可以接受获得幸福离不开某些特定的偏见这一观点。进一步说，功利主义不应该被用于评价日常行为。正如密尔曾经的朋友约翰·奥斯汀（John Austin）所说，在亲吻情人之前，功利主义者不会考虑公共福祉；这样的计算只会贬低爱情，进而贬低幸福。

举个例子，假设有两个人都需要进行肾脏移植手术，其中一个是你的好朋友，而另一个你几乎不认识。如果在准备捐献肾脏的时候，你还要考虑到底捐给谁的话，那只能说明你“想得太多”。如果即便经过计算，你仍然决定捐给自己的朋友，因为你算了半天，发现捐给自己的朋友能够使所有人的幸福最大化，但是计算过程本身就已经说明你缺乏了自然而然的友情。如果没有顺着感情走，而是一直考虑什么才是正确行为，或许就说明你具有某种恶劣的、不值得追求的品格。

在某种程度上，功利主义也可以向义务论靠拢，它可以接受义务论所提倡的原则，而不仅仅是从行为结果考虑问题。毕竟，如果所有人都不相信功利主义，而是愿意恪守既定的原则，愿意追求正义、绝不杀人等，那大多数人的最大幸福或许更有可能实现。正是出于这样的理由，有些功利主义者同样强调人们要遵守诺言。因此，面对厄斯金的案例时，即便在当时违背诺言能够促进最大多数人的最大幸福，但这些功利主义者也强调你应该遵守诺言。

以上讨论描述了间接功利主义（indirect utilitarianism）的基本框架。前文提到的理论被称为直接功利主义（direct utilitarianism）或行动功利主义（act utilitarianism），它认为，人们要在每个行动之前都进行功利主义的计算，而间接功利主义则强调我们要对选择进行计算。这种间接功利主义可以被视为政府大厦功利主义（government house utilitarianism），而道德哲学家则被视为“统治者”。道德哲学家知道，最终的目的是实现最大多数人的最大幸福，但要实现这一点，民众必须遵守某些简单的道德律令，并且停止他们的功利主义计算。

间接功利主义还有一种理论，被称为规则功利主义（rule utilitarianism）。它认为，如果所有人都按照某种行为规则行动能够使幸福最大化，那这就是正确的行为。比较一下“觉得应该违背诺言的时候就违背诺言”和“始终遵守诺言”这两种情况，就能轻易地明白，如果每个人都不值得信任的话，幸福是不可能最大化的。

然而，如果以复杂的方式描述规则的话，规则功利主义又将沦为行动功利主义。比如，以上规则的完整表述似乎是：始终遵守诺言；但如果当你违背诺言时，遵守诺言的规则没有受到侵害，又使幸福得到了最大化，那你就可以违背诺言。于是，就厄斯金的案例而言，违背诺言的行为又变成合理的了，因为除了你之外，没有任何人知道你违背了诺言，也就是说，遵守诺言的规则没有受到侵害。

功利主义与义务论的局限

“如果所有人都这样做，会发生什么？”这个问题影响了很多人的道德观念，但是，如果你很清楚地知道并非所有人都会这样做，那它还能影响到你吗？假设所有人都抵制工业化农场生产出来的肉类，那超市就不会购买那么多，工业化农场就会减少，动物的痛苦也会减少，而餐馆也能在那些真正爱吃肉的人身上赚更多的钱。因此，规则功利主义者就会倡导这种抵制行为，而你似乎也应该停止购买这种肉类。相反，行动功利主义者更重视你“购买肉类”这个具体行为。动物已经死了，而且你买或不买都对超市毫无影响，并且我不得不冒昧地说，你不是什么名人，也不能引导潮流，让别人都效仿你，所以你买或不买对他人也没什么影响。那么，问题来了，让我们思考如下的案例。

在绝大多数情况下，你一个人的投票，对全国性选举的结果无足轻重。因此，除非你特别喜欢投票，就不要再去劳神投票的事了，不如做一些更有可能带来幸福的事情，比如熨衣服、种花养草或者回家探望想念你的父母。然而，如果所有人都不去投票，那选举就无法进行了。可我们也都知道，不可能所有人都不去投票。19 世纪重要的功利主义哲学家亨利·西季威克（Henry Sidgwick）就曾经建议，要向民众隐瞒功利主义式的道德理解方式，即支持政府大厦功利主义。他在一本晦涩、冗长的伦理学著作里提出了这个观点，就是为了不让大多数人发现他建议欺骗民众的事情。

无论何种功利主义，都要面对“把个体仅仅视为幸福容器”的指责。因为根据这一理论，假若杀死一个健康的人，把他的器官用于移植，比如将其心脏移植给海瑟、肝脏移植给劳伦斯、肾脏移植给凯特和琪琪，等等，可以拯救更多的人，那这就是人们应该做的道德的行为。而只有当考虑到其他条件，比如所有健康的人都因为担心自己是下一个被杀死的人而感到恐慌时，这一行为才会成为不道德的。同样，假如拥有奴隶能够增加幸福总量，且奴隶个人的痛苦与其他人从中获得的利益压根不能相提并论，那就应该实行奴隶制。

除非进行修正，否则功利主义就始终缺乏对人的尊重。虽然功利主义反对为了他人的利益而杀害无辜的人，因为这会使每个无辜的人都感到没有安全感，但我们都知道，这并不是反对杀人的正确理由。

正如经常强调的那样，人类拥有生命的权利，以及拥有自身器官的权利。但是，这种个人权利的论述是模糊不清的，尤其是在《人权宣言》把生命权利与言论自由、休假等权利放在一起之后。可以说，如果不是在特定的法律语境中，权利的说法不过是复述了常见的普遍原则，就像我们说“杀人就是不对的”一样。说到这种普遍原则，就不得不联想到康德，他就把每个人都视为道德主体。让我们再简单地看一下康德的观点。

道德要求人们把自己视为自治的主体，能够选择自己应该做什么，而“应该”蕴含“能够”的原则在自由意志的问题中已经介绍过了。假如人被欲望、激情和情感左右，那他就不是自由、自治的主体。在康德看来，“假言命令”（hypothetical imperative）是指，人们应该做什么事，取决于以“如果……”形式所描述的前提。比如说，如果想要拜访这个俱乐部（欲望），你就应该穿上裤子；如果想要赚钱（欲望），你就应该去当律师。假言命令充满偶然性且缺乏确定性，而为了避免行为对欲望的依赖，我们就要诉诸定言命令。

于是，康德认为，道德必须是有普遍性的，且以理性为根基，就像无论何时何地，2+2=4 都是正确的一样，即便在火星上亦是如此，而且不论你的欲望是什么，也不论火星人的欲望是什么。康德提出了一个检测是否具有普遍性的方法，称为“普遍法则公式”（Formula of Universal Law），具体内容是：

仅仅依据你同时愿意它成为一项普遍性法则的准则而行动。

这听起来像是修正后的规则功利主义，但功利主义的推理主要涉及幸福最大化，而康德则关注逻辑的一致性。他认为，假如人们想违背誓言的时候就违背誓言，那必将没有人再遵守誓言，因此“遵守誓言”的规则就不复存在了。假如人们想自杀的时候就可以自杀,那么这就与“人的本性”相矛盾。我也不知道为什么，反正康德就是这么说的。

康德的每一步推理都值得反思。再来看看他的普遍性检测方法，即能否普遍化。举个例子，如果每个人都在出售女式帽子，就没有人会购买女式帽子，所以，“出售女式帽子”的行为就不能普遍化，因而它就是不道德的行为；但很显然，出售女式帽子也并非道德败坏的行为。

除此之外，由于康德强调道德要植根于理性，因而坚信道德行为的动机只能是义务感。所以，如果沃经常帮助乞丐，仅仅因为她对乞丐充满了怜悯，那么，由于她的行为并非出自义务，她就不应该受到道德褒奖。美德理论完全站在康德的对立面，认为正是由于人们的行为出自美德，比如怜悯，所以行为才有道德价值。而功利主义则完全不在乎行为是否出自怜悯，只要它有利于幸福最大化就行。

康德为何要否定感情是重要的道德动机呢？这是因为他想要在道德中排除运气的影响。如上所述，出自欲望或情感的行为带有偶然性，只有出自理性或义务的行为才是必然的。我们无法控制自己的先天人格，有人天生仁慈，有人天生冷酷，有人天生慷慨，有人天生刻薄；但作为理性存在者，我们都要听从相同的道德命令。当然，这个观点同样要受到质疑，毕竟正如有人天生拥有贪婪的本性一样，也有人天生就不愿意承担义务。

康德的义务论与功利主义，都是为了回答“出于道德，我们应该如何做”的问题，并试图给出明确的答案。但是，这两种方式都对人们的内心感受充耳不闻。或许，在我们之前做的所有事情里，既有道德错误的行为，亦有道德正确的行为。道德正确的行为不能弥补道德错误的行为所带来的损害，道德错误的行为还会让我们感到内疚、懊悔、惭愧。然而，或许正是因为拥有这些感情，我们才是道德的。

特殊主义：质疑道德理论

道德要关心一堆“乱七八糟”的事，例如拯救生命、福利、正义、仁慈、勇气、自由、忠诚、宽容、懊悔，等等。所以，以上三种道德理论虽然都深刻地揭示了道德的特点，但也都存在一定的缺陷。即便只考虑一种道德价值，我们也能看到冲突：忠诚于玛利亚，或许就要不忠于玛蒂娜。当涉及的道德价值越多时，冲突就越容易出现，比如你要帮助丹，就要违背对本许下的诺言。

或许道德不允许你献祭自己的儿子，但你的宗教义务却要求你必须这样做。或许道德要求你不能抛弃自己的父母，但你艺术家的天性却让你想要四处流浪，而天才诗人与极地探险家的生活也有其自身价值，并不能受到道德义务的束缚。由于这些冲突的存在，我们无法完全听命于道德要求，还要有自己的价值取向。在这里，我们可以用另一个术语“伦理”（ethics），来与道德（morality）进行区分：伦理超越了道德责任，描述了更加宽泛的习俗，强调了许多道德无法包含的价值，也质疑了道德不可违背的权威性。

暂时抛开涵盖宏大内容的伦理不谈，通常情况下，一个道德理论会说明人应该做哪些行为，或者至少说明人不应该做哪些行为。道德理论必须与人们在日常生活中的基本信仰、态度和实践保持一致，能够解释人们通常认为的正确行为。除此之外，道德理论还能提出一些原则，从而帮助人们在面对困境时做出正确的选择。比如，功利主义趋利避害的思想或许能够帮助人们拓宽道德的领域，进而关心非人类的其他动物。但是，盲目相信理论的权威性也存在一些问题，下面就来看看为什么这么说。

假设一个道德理论，比如康德的义务论，持有一个原则：杀死无辜之人是错的。而通过观察可知，允许他人死亡和杀人在结果上完全一样。根据这两点，我们或许能得出一个结论，即“没有帮助在饥荒中饿死的人”和“杀死他们”在道德上是等价的。然而，我们的道德直觉显然非常反对这样的结论，当然，这也许是情感上的推卸责任。没有救济处于饥荒中的人，并不能说明我们就是实行大屠杀的恶魔。于是，这一理论需要修正，而通过区分“放任死亡”和“主动杀人”，我们就能构建出更加合理的道德理论。也就是说，想要有一个合理的道德理论，首先要通过一个案例思考道德理论的原则是否合理，再根据这些原则是否适用于其他案例与日常直觉，对原有理论进行修正。

所以，前文提到的三种道德方法都需要修正，因为在解释具体案例时，它们都有悖于我们清晰的、确定无疑的日常道德直觉。很显然，功利主义的原始版本缺乏对权利和少数群体的关注，康德的义务论过于死板地恪守原则，而美德理论的观点又过于模棱两可。于是，最好的策略或许是做一个折中的选择，即质疑理论本身的价值。

一方面，这是因为只有根据不同语境而不断变换思维方式和态度，才能思考严肃的道德问题。例如，在和雇主就工资问题讨价还价时撒谎，显然不同于对政府撒谎。另一方面，是因为理论虽然并非源于先天的抽象概念，但也一定要以人们对具体事件的直觉感受为基础。的确，当听到康德所说的“永不撒谎”的原则时，我们的第一反应是这符合我们的直觉，但如果看到一个疯子正拿着斧头试图劈死我们的邻居，大部分人，当然除了康德，都会认为欺骗疯子是正确的，会认为应该把他骗到警察局里。

以上这些思考或许能够引出道德的特殊主义（particularism），它要求人们远离普遍的原则，无论是在理论中还是实践中。

特殊主义强调，在处理道德事务时，一定要具体问题具体分析，不要以“所有事情都是……”或“所有事情都应该是……”的方式论述。但是，特殊主义并不意味着不同文化之间的道德是相对的，也不意味着道德只是人们的主观感受。比如说，有人仅仅为了寻开心而折磨他人，这就是一个道德错误的行为，没得商量。

除此之外，还有一些人会争论道德术语的含义以及道德属性的本质，这些都属于元伦理学（meta-ethics）的研究领域。以上的所有讨论似乎都在说明道德具有客观性，但元伦理学则对其提出了质疑。所以，下面我们就简单地了解一下元伦理学的内容，看看道德是否只是一种情感的宣泄，就像脱口而出的一声“呸”或“好哇”一样吧。

元伦理学：不存在普遍的道德事实

实证主义者认为，道德属性具有自然特性，它们存在于外在世界，不以人的意志为转移，就像自然物体拥有重量、大小和颜色等属性一样。但是，颜色这个属性“存在于外在世界”吗？只有当外在客体作用于视觉神经之后，人们才能看到红色、绿色等颜色；但能看见颜色，并不意味着颜色就存在于外在客体之中。因此，非实证主义者受到颜色的启发，得出结论说，道德属性是人类特有的，是人类在与外在世界互相接触时感受到的一种属性。这就是说，道德属性不是客观的，并非独立于人的经验感受的。下面来看一下这具体是什么意思。

A BEGINNER'S GUIDE
PHILOSOPHY
思维拓展

生存的权利

关于生存权的思想实验

你到医院做了一个小手术，但当你醒来时，一个男人正坐在你旁边。有一根管子连着你和他，分别插在你们的血管里。医生解释说，这个男人遭遇了严重的意外事故，差点就死了。他需要一种特殊的淋巴细胞，而全球只有你一个人能提供这种细胞。只要用管子把你们连在一起，他就没事，你也没任何事，只是行动会有所不便。而且你到哪，他就到哪。

道德关切：这个男人有生存的权利，但他是否有权利使用你的身体呢？如果拔掉管子一定会导致他死亡，那你是否有权利拔掉管子？即便他没有权利使用你的身体，但你拔掉管子是否属于道德禁止的行为？

最低限度的慈善者：许多权利都要以契约为基础，但生存的权利和任何契约都无关，或许因为我们是人类，生存就是一种“自然权利”。但即便如此，他人显然也不能为了生存就在未经许可的情况下使用你的身体。有权利活着，不等于有权利占有活下去的必需品，比如你的血、你的器官、你的钱和你的家。

所以，你有权利拔掉管子，让这个“入侵者”死亡；但这个行为或许是错的，因为这样做不够善良。朱迪斯·贾维斯·汤姆逊（Judith Jarvis Thomson）曾经设想了一个最低限度的慈善者，他能够意识到，道德要求我们超越权利而进入美德，比如仁慈、慷慨、勇敢等。但是，面对入侵者，我们什么时候才能说“够了”？什么限度才是最低限度？道德负担何时会变得过于沉重？

堕胎

暂且不谈有关堕胎的常见讨论。即便胎儿可以被视作一个人，有生存权，也不代表胎儿有权利占用母亲的身体。同样，即便母亲有权利堕胎，也不代表行使这项权利是一个道德上可以接受的行为。因此，就堕胎以及插管子的男人的例子而言，最低限度的问题绝不只是一个涉及权利的问题。

当泽吉和苏菲一起看足球比赛的时候，泽吉十分高兴，一直在欢呼，而苏菲却很不开心，充满抱怨；当话剧团到镇上巡演时，苏菲面带笑容，泽吉却开始抱怨了。我们不需要知道两人为什么会对这两件事有不同的反应，他们的欢呼、叫喊或抱怨简单明了地反映出他们对不同事件的态度，即赞成或不赞成。而他们虽然有不同的态度，这两件事之间却没有直接的矛盾。泽吉欢呼，说明他赞成观看球赛；苏菲抱怨，说明她反对观看球赛。道德判断似乎也是这样。认为“不应该杀死那个人”，其实就相当于对杀人的行为说“呸！”更准确地说，这个表述应该包括两个方面：一个方面是对杀人行为的客观描述，另一个方面是用“呸”表达你的主观情感。

克雷默觉得鹅肝好吃，乔治觉得不好吃，两人都没错。因为并不存在一个客观标准来评价鹅肝好吃与否，他们只是表达了自己的主观口味。与之相似，道德情感主义（moral emotivism）认为，世界上并不存在所谓的道德事实，人们都只不过是在表达他们喜欢什么，不喜欢什么，就像口味一样，人们还会试图说服他人同意自己的态度。因此，所谓的道德命题其实不过是情感的表达，或者说是一种劝导，怂恿他人按照自己的方式行动。这种观点主要来源于大卫·休谟，他想要强调情感是道德判断的关键。

情感主义与非实证主义都具有一定的吸引力。这里所说的非实证主义，指的是世界上不存在普遍的道德事实，人们也无法了解和掌握这样的知识。因为即便存在独立于人的道德事实，它们也是特殊的、稀奇古怪的，并不像科学家发现的事实那样清晰可靠。所谓的道德事实会指引我们应该如何行动，它们是规定性的，而远非描述性的。例如，我们可以说“哲学思考能够增加人们的幸福”，但如果说“人们就应该增加自己的幸福”，则是截然不同的两回事了。

以上论述与道德错误理论（error theory of morality）密切相关。与情感主义不同，道德错误理论认为道德命题的确是命题，是试图探讨外在世界的命题，只不过它们全都是错误的命题，因为这个世界没有道德事实。

可以说，情感主义与道德错误理论都依赖于我们如何界定客观事实。虽然数学与自然世界截然不同，但我们也没有把数学视为情感主义、错误抑或主观主义等。虽然事物的颜色在某种程度上取决于人类的视觉生理结构，但我们不能因此就认为红色气球与黄色气球的差异只是主观的，两者之间没有任何的客观差异。

维特根斯坦曾经说过，哲学中有一种对普遍性的错误的渴望。看到哲学家们迫切地想要构建道德理论，我们已经感受到了这种心情。同样，这种心情也能在拒斥道德事实或道德真理的哲学家那里看到，他们认为，真正的事实与真理只有通过科学研究才能获得。

事实上，我们对事实的许多描述都暗含价值在内。“彼得罗妮拉对别人做出了承诺”，这是一个事实描述，但这个描述同样告诉我们她下一步应该怎么做。“巴伦蒂娜是一个仁慈的人，米歇尔是一个宽宏的人，妮可是一个高尚的人，她们都应该受到人们赞扬。”有人认为，在讨论这个世界时，我们经常把描述性的事实与评价性的语言混淆在一起，就像上面这句话一样，但或许这两者根本就无法分开。如果硬要对其进行区分，那就会像二元论对身体与心灵所做的区分一样令人困扰。让我们仅仅从心灵层面，比如意图方面，或仅仅从身体行为层面来理解人类行为都是难以接受的。

最后，让我们引用莎士比亚的一句话来对道德问题进行总结，这句话维特根斯坦也引用过，即“哲学需要教会我们懂得差异性”。

要点总结 PHILOSOPHY

1. **义务论**：恪守道德原则，只有在一个道德原则与某个更高的道德原则相互冲突的情况下，人们才能根据更高级的道德原则行事，而违背低级的道德原则。
2. **功利主义**：正确的行为是效用最大化的行为，即使人类幸福最大化的行为。
3. **美德理论**：有一些基本的品格特性能帮助人们实现个人的繁荣发展，同时也赞成其他人以不同的方式实现自己的目标。
4. **间接功利主义**：

   ① 政府大厦功利主义：强调要对选择进行计算，道德哲学家被视为“统治者”。

② 规则功利主义：如果所有人都按照某种行为规则行动能够使幸福最大化，那这就是正确的行为。

5. 特殊主义：无论是在理论中还是在实践中，都应远离普遍的道德原则。

6. 元伦理学：

① 非实证主义：道德属性不是客观的，并非独立于人的经验感受而存在。

② 道德情感主义：世上并不存在道德事实，人们只不过在表达自己的喜好。

③ 道德错误理论：道德命题都是错误的命题，因为世上没有道德事实。

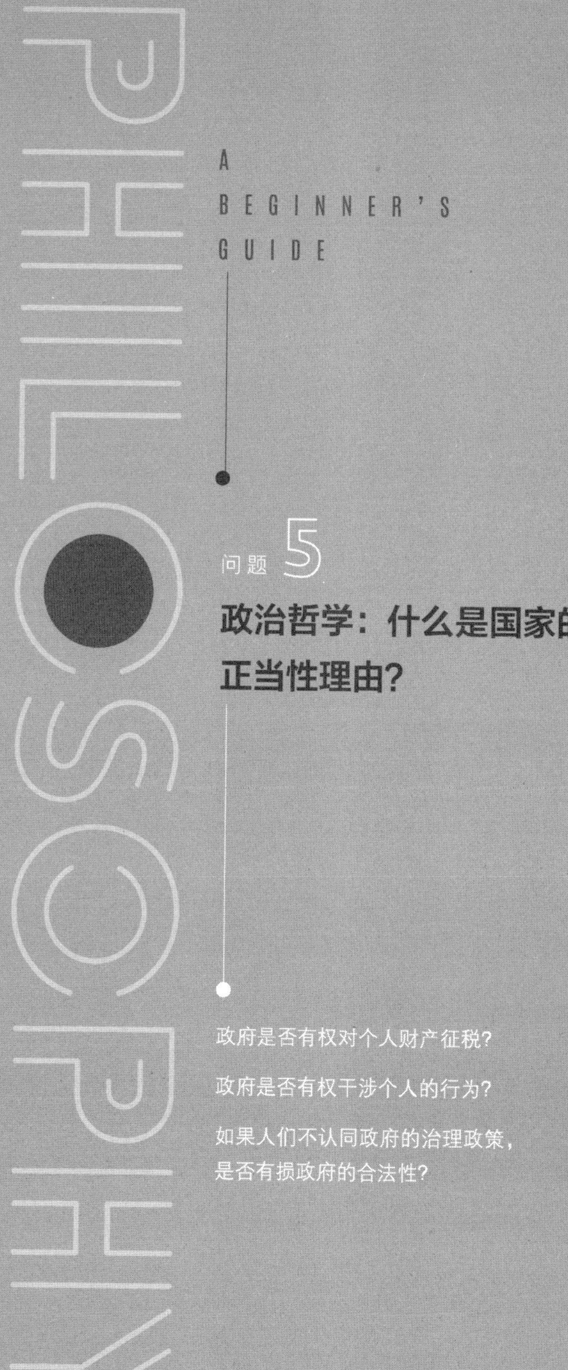

问题 5

政治哲学：什么是国家的正当性理由？

政府是否有权对个人财产征税？

政府是否有权干涉个人的行为？

如果人们不认同政府的治理政策，是否有损政府的合法性？

设想有一个人，她独立生活在一座渺无人烟的荒岛上，就像女版的鲁滨孙，但她是这里的原住民。如果想方设法，她还是能活下去的，因为她或许懂得如何建造庇护所、有选择性地捕鱼，以及生火烹饪。当然，我们还可以设想她的居所有太阳能板、床上用品，甚至有老式的留声机与 8 张她最爱的音乐唱片。她对此很满足。对她而言，一切都好，直到……

直到有一天，她发现有另一个人潜伏在这座岛屿上。整座岛一片空寂，只有他们两人。这个人侵入了作为原住民的她的生活，并将她的物资据为己有，包括她最近捕到的鱼、采摘的水果。“但它们是我的，”原住民坚称，“现在，假如你友善地请求我，我或许可以把我的鱼，甚至床榻与你分享，但你没有任何权利在未经许可的情况下占据我的资源。它们是我的，而这便足以禁止你的攫取。”

侵入者则回应说，原住民并没有她所提及的那些权利，而且，假如没有她的帮助，他将无法存活。再夸张一点，设想这个情景中还存在一个拥有一定神力的上帝，那么，上帝是应该干涉此事，去保护原住民的财产，还是应站在侵入者这边，为了侵入者的利益而去夺取原住民的部分财产？上帝应该做到何种程度？是应该为侵入者提供仅满足其生存需要的物资，还是应让他足以享有闲暇？又或者，让原住民和侵入者占有同等的物资才是最好的结果？

这样一个简单的情境就可以引出政治哲学关心的问题。如果真的存在某些物品合乎权利地属于某人，那这些物品指的是什么，如何证明“这是我的”之正当性？我们在这里所说的物品种类繁多，从与生命和健康有关的关键物品，到人们认为有价值的各种事物，如冠军的位置、汽车、双体船，甚至是哲学课程。按照卢梭所言，“我的”是斗争的常见诱因。

而与之相关的问题是：统治大众的最高权威或权力，如国家、法律等源自何处，什么决定了物品正当地属于某个人，什么决定了哪些事情可以做或者哪些事情不可以做？人们被迫在公众面前穿着衣物，即便天气酷热；被迫为国家、君主或独裁者而战；被迫为医疗、教育和福利纳税，当权者却将税收用于为政府购买豪华轿车，资助艺术、体育事项，甚至是用于举办皇室庆典。

回到荒岛上的原住民这里，假如有某种强权迫使她将自己的部分物资分给侵入者，那她是否受到了侵犯？该问题的答案是否在一定程度上取决于侵入者的状态，比如他有多绝望，他的困境是源于懒惰还是厄运？

该问题的答案又是否在一定程度上取决于原住民的状态，比如她如何获得物资，她是否同意最高权威有权决定此类事务？我们先来看看最后一种考量因素。

自然状态：建立国家是否非理性

如果人们一致同意、达成共识的话，人们之间的侵犯通常就不被视为侵犯。因此，有一种方法，即唯意志论者（voluntarist）的方法，认为国家行为的正当性在于，并且仅仅在于所有个体都一致同意或认同国家的权力。然而，唯意志论亟须一定的条件限制。因为如果有公民想要伤害他人，那么即便没有得到这位即将犯罪之人的同意，人们也应该去制止他。例如，如果弗洛拉准备谋杀意志消沉的迈尔斯，人们便应当阻止弗洛拉。

进一步说，这种对纯粹唯意志论进行的条件限制，自身也需要一定的条件限制。即便某些行为被视为不道德的，但却与政府无关。比如说，违背承诺在道德意义上或许是错误的，但当这种错误出现在私人生活中时，国家没有任何正当理由对其进行干涉。

人们都认同当地的法律吗？未必。通常，大多数人都能遵守当地的法律，但大多却都是无意识的或是出于对惩罚的畏惧。例如，若选择逃避纳税的义务，或许就会被罚款或监禁。在讲自由意志的问题时曾经提到，人们的消极自由是受到限制的，即机会是开放的，但选择它要付出代价，而这个代价或许要比丧失有效自由大得多。

自柏拉图以降，许多政治哲学家都猜想过人类在自然状态下的样子，即人类在政府出现之前的生活状态。显然，有些哲学家相信他们能够描述出自然状态的真实面貌。但实际上，他们不可能做到。即便他们能做到，我们也仍要质疑这种自然状态与现实生活之间的相关性。因为描述事物如何产生，即起源，并不能推导出事物现在应该是什么样。你若不这样想，那就是犯了根源谬误（genetic fallacy）[①]，犯这种错误的人常常会被科学家提出的进化论搞糊涂。进化论虽然解释了人为何更关心自己的家庭，而非与其无关的人，但它其实并不能证明人就应该如此。

下面我们来看看，自然状态是如何被设定的，它与现实的相关性又是如何产生的。

在面对自然状态中的人性时，托马斯·霍布斯（Thomas Hobbes）是一名悲观主义者，或者称为现实主义者，他认为自然状态就是一场战争，即在自然状态中生活的人始终要在最低限度上警惕、防备他人。霍布斯认为，这是因为人类或至少某些人在本性上是追逐卓越与显赫的，他们渴望拥有比他人更多的财产、更大的权力、更强的性能力。即便不考虑对卓越与显赫的欲望，资源有时也是匮乏的，不足以让每个人都生活得很好，甚至不足以让每个人都生存下去。因此，有些人会败给强者，即

① “根源谬误”也可以称为“起源谬误”（fallacy of origins），主要指错误地认为结论仅仅取决于某人或某事物的历史、起源和来源。例如他的父亲是个强盗，因此他是一个强盗；这本书的作者是一个不讲信用的人，因此这本书的结论是假的。——译者注

那些更加野蛮有力、狡猾奸诈或聪明睿智的人。然而，强者也不能因自身的优势而掉以轻心、享受安宁，因为再强的人也需要睡觉，而趁他们熟睡之时，弱者便可迅速搭帮结伙杀死他们。

霍布斯坚称，他的人性观点得到了经验观察的支持，例如，人们通常都缺乏对彼此的信任，将自己的物品紧锁，甚至历史上许多丈夫就是如此对待妻子的。而其他人则反驳说，这些证据只能说明人性是充满竞争的，如今是被资本主义的社会结构侵蚀了，如果没有这样的社会结构，人的本性就是相互合作的。或许，这种乐观的看法是正确的，但即便这是自然状态的样子，我们仍需要解释国家存在的正当性理由到底是什么。此外，即便自然状态最初较为和平，但正如约翰·洛克在霍布斯之后不久所说的那样，必然仍有一小部分人会谋杀、奸淫或掠夺。而当资源逐渐变得匮乏时，大量冲突必将出现。

总而言之，一方面，假如自然状态是和平的，每个人都互助合作，那么，步入拥有强制性权力的、成熟的国家状态就是非理性的；另一方面，假如自然状态是恶劣的，毫无合作可言，那么，冒着危险与他人达成共识，并接受强权的监督，同样也是非理性的，毕竟有什么理由可以相信他人是值得信任的呢？并且，第二个方面其实还有前后矛盾之处："达成共识"意味着语言相通，而语言相通则表明在此之前就已经存在合作了。

三位影响深远的政治哲学家

托马斯·霍布斯（1588—1679）：一名宗教领域的无神论者，政治领域的绝对主义者，以及经历过常年内战的伟大幸存者，他活到 91 岁。在《利维坦》（*Leviathan*）一书中，他为绝对的最高权威辩护，并要人们对它保持敬畏，认为假如没有最高权威，人们便会生活在自然状态之中，而这是一种战争状态，每个人都警惕、防备着他人，并且：

> 产业是无法存在的，因为其成果不稳定。这样一来，举凡各地区的文化、航海、海外进口商品的运用、舒适的建筑、移动与装卸须费巨大的力量的物体的工具、地貌知识、对时间的记录、艺术、文学、社会等都将不复存在。最糟糕的是，人们将一直处于暴力和死亡的恐惧和危险中。

霍布斯继续指出，除了这些情景，人的生活也将是孤独、贫困、卑污、残忍而短寿的。但其实，我们应该说情况可能会更糟：人的生活可能是孤独、贫困、卑污、残忍却漫长的。

约翰·洛克（1632—1704）：他从事过牛津大学教师、园艺学家等许多工作，甚至曾涉嫌意图弑君。他的思想与诗人约翰·弥尔顿（John Milton）早期的所作所为相似，强调达成社会契约所需的共识与宽容，并认为社会契约赋予了人们推翻腐败统治者的权利。可以说，洛克的作品为美国宪法提供了蓝图。

让-雅克·卢梭（Jean-Jacques Rousseau，1712—1778）：他被视为伟大的民主主义者和自由主义者，在他看来：

> 人生而自由，却无往不在枷锁之中。自以为是其他一切的主人的人，反而比其他一切更是奴隶。这种变化是怎样形成的？我不清楚。是什么使这种变化成为合法的？我自信能够回答这个问题。

关于这个问题，卢梭的答案是：由于缔结了社会契约，人们自己莫名其妙地建构了一个最高权威，即公意（general will），它保证着所有人的利益。假如你不赞同公意，那就该遭殃了，因为你将会被迫得到自由。卢梭的自由理论可能会蜕变成极权主义，即国家全面控制公民的生活，当然，在极权主义者看来，这是为了他们真正的利益着想。

后自然状态："同意"论证和"得到好处"论证

对自然状态进行设想，并不是为了描述现实生活中真实存在过的自然状态，而只是将其视作理论建构时的一个思想实验。假设人们已经具有了理性，那么，在无政府的条件下，人们愿意构建何种社会，设立何种法律呢？如果所有理性的人都愿意构建一个公共权威；如果存在公共利益，并且人们愿意缔结契约，愿意将自己的生活与自由托付给公共权威，而公共权威也能保障人们的利益。如果以上所言皆属实，那么，你是否愿意完全服从公共权威的命令？答案显然并不明朗。

首先，即便满足了以上所有假定，或许人们对公共权威的看法也仍然无法达成共识。其次，即便人们对公共权威的看法达成了共识，那该如何确保大家曾经同意过的社会契约如今依然能得到有效实施呢？毕竟，现在活着的人都不曾生活在自然状态中，也很少有人对现在的政府感到满意。答案或许是，现在的政府得到了人们的默许。如果人们愿意继续生活在这个社会中，就像洛克说的那样愿意漫步在国王大道上，愿意参加民主竞选，那就说明，人们默许了这个政府的权威。

但这个"默许"的观点很容易被推翻，休谟就很好地驳斥了它。为了驳斥这一观点，休谟讲了一个故事：在狂风骤雨的天气里，海洋中有一艘小船，难道因为船员待在船上，就说明他们默许或同意了船长的指挥吗？显然并非如此。"待在船上"是否能说明"同意船长的指挥"，取决于其他的选择是否可行。

在这个故事里，船员们所拥有的其他选择只有在恐怖的海洋里溺水身亡，也就是说，其他选择不具有可行性，所以“待在船上”也就无法说明“同意船长的指挥”。可这种观点其实也存在问题。例如，如果选择移民，我们需要护照、金钱，需要放弃工作、远离朋友，还需要其他国家愿意接受我们，也就是说，这种选择是可行的。因此，在一个社会里继续生活，就足以说明我们默许或同意了自己的政府；而如果我们默许或同意了政府，就足以说明政府权威的合法性；那么，所有的政府和统治就都能很好地证明自身的合法性。

这个结论实在不能令人满意，甚至无法让那些试图以社会契约寻求政府合法性的人满意。当然，其实只有很少的政府迫切地为自己的合法性寻找理由，就是那些宣称只考虑公共利益的政府。

由此可见，我们不该以这种方式寻求政府的合法性，或许政府的合法性有一个简单的理由，那就是每个人都能从政府那里得到好处。苏格拉底被宣判死刑之后，并没有选择逃跑，而他拒绝逃跑的其中一个理由就是，他曾从政府那里获得好处。所以，如果政府控告他，他就拒绝承认政府，这似乎是缺乏教养和不正义的。毋庸置疑，我们很多人都从社会共同体中得到了好处：正是由于法律带来的社会稳定性，正是由于政府提供的服务和保护，人们才能拥有更好的生活。

虽然“获得好处”的论证有很强的说服力，但对于在政府那里只得到坏处，以及在其他政府那里能得到更大好处的人来说，这个论证就失效了。这也就是说，“获得好处”论证并非普遍有效的。除此之外，“获得好处”论证还有一些缺乏说服力的地方，例如，人们并没有要求政府给予好处，那为何要因此而承担相应的责任呢？假如有人赠送给你一瓶饮料，即使你喝了它，显然也并非一定要回馈他。在这个例子里，或许你本应该拒绝这瓶饮料，但政府所提供的许多服务却是人很难拒绝的，比如你家门外的街边上的路灯，除非你把眼蒙起来，否则就难以拒绝。

我们再重新讨论一下之前的“同意”论证。人们到底同意了什么内容？面对自然状态的各种混乱和动荡，在制定契约时，人们是理性的吗，是处在罗尔斯所说的“原初状态”（original position）之中吗？如果人们在当时为了换得生命安全和其他好处而放弃了部分自由，那么，今后就必须对提供这些好处的政府言听计从吗？答案通常是“不”。因为这个论证方法忽视了一个特别重要的问题：这个所谓的契约只是一个幻想的契约，并不是白纸黑字的真实契约。就像幻想中彩票，并不是真的中彩票。很显然，一个社会契约得到所有人的同意，这本来就只是一种幻想；但令人惊讶的是，这个幻想中的“得到所有人同意”却在现实道德生活里有着实实在在的强制力。

设想一位女士被一辆车撞倒了，她受了很严重的伤，但意识仍然清醒。这时，有人问她是否需要叫救护车，她马上同意了。再设想一个相似的情景，其他情况相同，只不过她失去了意识。这时，呼叫救护车也是一个非常合理的行为，因为假设她还清醒着，她肯定会同意。的确，这也只是一个幻想的“同意”，但非常合理。除此之外，幻想的同意还会引起一个认识论的难题，即我们是否知道自己同意了吗？即便有人告知我们所有的信息，这个难题依然成立，因为我们并不知道我们是否完全理解了这些信息。

无知之幕：政府应如何确保正义与公平

假设我们处于“原初状态”或无政府状态下，那我们究竟应该在政治治理的问题上达成哪些共识？请注意，现在不要考虑任何与现有政府有关的情况，要根据前提假设，判断我们应该听命于什么样的政府。

具体该从何处着手呢？先假设社会资源既不是十分匮乏，也不是极度富饶。显而易见的是，如果把每个人都视为自利的个体，那大家的观点就一定存在着冲突和矛盾。如果你已经十分富有了，无论是因为继承遗产还是因为做生意而变富有的，你都会更倾向于生活在一个遗产税或营业税比较低的国家；而如果你身患疾病或十分贫穷，你则会更倾向于生活在一个对富人征收高额税收的高福利国家。

为了解决这些偏好的问题，20 世纪，极具影响力的美国哲学家约翰·罗尔斯（John Rawls）提出了一个解决办法。他认为，我们应该站在中立的、没有偏见的立场上思考如何构建社会，即站在“无知之幕”（veil of ignorance）之后。只有这样，我们才可以在完全不知道自己特殊偏好的情况下寻求共识。

之所以要站在无知之幕后，是为了构建一个良序的社会，从而使拥有不同价值观念的人能够和谐相处。换言之，就是为了构建一个正义的社会，使人们得到其应得之物。在无知之幕后，由于人们不知道自己在社会中所处的立场，不知道自己的社会地位、性别、种族、运气等，于是他们就会寻求一个对所有人而言都公平的社会。这就是罗尔斯所说的“作为公平的正义”，或许我们还可以补充一句，即“通过无知实现的公平”。

罗尔斯站在无知之幕后得到的第一个结论就是对自由的共识。人们要寻求平等的自由、自治，要在不伤害他人的前提下过上想要的生活。因此，人们想要思想和言论的自由、结社和集会的自由，当然，还有拥有私人财产的自由。对于站在无知之幕背后的人们而言，持有功利主义的观点就是一种非理性，因为社会若以提高整体福利为目的，少部分人的利益就有可能受到侵害，而你则可能恰好是这少部分人的其中之一。此外，人们还想要政府提供基本的教育与福利保障，在某种程度上对病患、穷人和缺乏才能的人进行帮助，因为每个人都可能是这些弱势群体中的一员。

以上观点在某种程度上支持了“运气平等主义”（luck egalitarianism），可是，人们是否应该享有由天赋、工作能力、继承遗产等带来的优越与福利呢？对此，有人认为，他们应该得到这些，因为这些都源于他们的选择；但他们的选择源于其性格禀赋，而他们又不应因此而得到任何好处。若继续讨论下去，只能让我们重新跳回到自由意志的问题。

无论这个难题该如何解决，罗尔斯的自由主义还是赞同政府对公民的生活进行调控，即通过税收进行社会再分配，从而提高社会公平。正因如此，罗尔斯受到了自由主义者罗伯特·诺齐克（Robert Nozick）的极端反对，我们之后再来看这一点。

罗尔斯站在无知之幕后得到的另一个结论是差别原则（difference principle）。这就是说，只有当最有利于处于最不利状况之人的时候，这种经济上的不平等才是可以被接受的。简单地概括一下，就是“经济的不平等是合理的，只要它能最大限度地增加最不利者的利益”；再简洁一点，可以直接将其归纳为一个策略或原则，称为“最大最小值”（maximin）。

有一个与之相关的非常流行的经验主义的观点，即“涓滴效应”（trickle-down effect），它指的是在经济发展中，财富若要向贫困人群转移，就需要先发展起来的人群或地区为他们提供更多的服务岗位，比如男仆、女仆等。此外，还有人认为，社会差距越大，社会中的抱怨就会越多，比如富人认为那些宁可挤公交也不打车的穷人做得还不够，而穷人则会嫉妒富人，觉得自己是个失败者。

这都是对日常生活的观察，而真正的问题在于：假如穷人有足够的资源能勉强过活，能过上差不多的日子，经济财富的不平等在道德上就是可以被接受的吗？就此而言，我们要考虑到底如何判断“勉强过活”和“差不多”。

当然，有人认为经济财富的平等具有内在价值。可即便接受这个观点，也不能认为经济平等就超越了其他价值，比如自由，比如为了平等而损害所有人的利益。我们用一个极端的例子来说明这个观点，假如平均分配社会资源会导致所有人都活不下去，那么，让一部分人活下去就比经济平等更有价值。想想现实中，在食物有限的情况下，遇难的人们会如何彼此伤害，以便有人能够获得最终的拯救吧。如果平均分配食物会导致没有人能活下去，那显然就不如只有某些人被拯救，哪怕是只有一个人。

设想社会中虽然存在巨大的财富差异，但即便最不富裕的人也能过上特别幸福的日子，并且丝毫不嫉妒富人，那么财富平均主义就没有什么吸引力了。当然，最不富裕的人觉得幸福，或许是因为他们不知道什么是真正的幸福。比如奴隶、受到宗教压迫的女性、纵欲者，他们或许会觉得满足，但这是因为他们不知道什么是真正的幸福。而他们之所以不知道，有时是因为贫穷和教育的匮乏，有时则是因为自己的贪欲。

再设想，一个社会里所有人都有很多财富，但是女性永远不能在公共场合露出脚踝，另一类人则必须始终佩戴着星星标志。如果有人质疑这些规定，领导人就会说“我们这里就是这样，这是我们的传统”。如果要全民对这些规定进行投票，大多数人也都同意保持这些规定。可是，即便没人反对，没人因此而感到屈辱，也没有任何好的理由，难道这些规定就没有侵犯任何人吗？当然，如果给出一定的理由，比如“女人就是女人”“女人都有生理期”“佩戴星星标志的人都是同性恋”，这些规定显然就构成了侵犯。

以上内容都强调了平等主义中的一个重要内容，当然，处于罗尔斯无知之幕背后的人们或许也已经考虑到了。这个重要内容指的是，平等主义不能过于重视财富的平等，财富平等也并不意味着尊重他人与尊重差异。这个观点涉及“民主平等主义”（democratic egalitarianism）。

社会的首要价值是正义，而要理解是什么构成了正义的社会，就要通过罗尔斯的无知之幕去寻找合理的、普遍的答案。无知之幕是找到答案的工具，但它也剥夺了太多的东西，以至于我们要怀疑在无知之幕后进行理性思考与评价的可能性。而且，位于无知之幕后，我们就不知道什么是美好的生活，或者更准确地说，我们就要接受一个小小的偏见，即如果要玩幕布的游戏，就必须认为自由的平等分配是首要的善。然而，要维系幸福的生活，一个社会有时需要有特定的传统与特殊性。

位于无知之幕后，我们将会忽视一些重要的或有争议的价值，比如荣誉和贞洁，比如女性的特有角色，再比如每周的宗教日。可现实生活中，如果你有宗教信仰，就无法摆脱它的影响，而且这一信仰也正是你理解社会应该如何构建的关键。

无论通过罗尔斯的方法能构建出什么样的社会，但既然我们已经知道了自己在当下的社会地位，知道如何理解生活中的对与错，那又为何要重新站在无知之幕后呢？所以，罗尔斯的所有设想其实都只是一个不切实际的梦，梦想通过理性揭示社会中最重要的价值，梦想有一个自由福利的社会。诚然，其他人也共享了这个不切实际的梦，但他们的理由与理性有时指向了截然不同的结论，指向了一个极端的自由主义的结论，正如我们将在罗伯特·诺齐克那里看到的那样。

所有权：政府能否对私人财物再分配

大多数人都拥有两只眼睛和两个肾脏，这纯粹是运气。有些人在出生时或因意外事故而失去了眼睛或肾脏。假设器官移植手术很简单，可靠并且无痛，那政府是否应该对人体器官进行重新分配，以使社会更加公平？假如政府拥有这样的权力，或许是中了大奖赢来了这种权力，要求以前拥有两只眼睛、两个肾脏的人，现在只能保留一只眼睛和一个肾脏，这是否是正义的？

很显然，即便捐献器官的人的生活完全不受影响，也没人会同意政府拥有这样的权力。没有人会认为这是一种“分配正义”，即便是站在罗尔斯的无知之幕后也一样。假如捐献器官的人有生命危险，那就更没有人会同意政府拥有这样的权力了。用开玩笑的话说就是，法律基本上都要保护所有权，但若涉及器官的所有权，法律就要百分之百地保护。约翰·洛克曾说：

> 土地和一切低等动物为一切人所共有，但每个人对他自己的人身享有一种所有权，除他之外任何人都没有这种权利。

按照这个观点，这个自由主义的观点，你占有你自己。但在说到自我所有权时，并没有预设一个形而上学的抽象“自我”，而只是强调你能够占有自己的身体与心灵，占有自己的力量和天赋。根据以上所述，大多数人都会同意，一般意义上的所有权是可以成立的。我们可以占有自己的私人物品，无论是自己的眼睛还是自制的肉饼，除非他人通过暴力从我们这里夺走。当然，我们也可以进一步探讨，我们对眼睛的所有权与对相机和汽车等物品的所有权是否完全相同。

洛克认为，只要在土地上劳作，就相当于把我们的劳动和土地掺和在了一起，例如，我们可以在土地上种植水果、饲养家禽或勘探石油等，这些都是我们的私有财产。因此，我们不应抢夺别人通过劳动获得的水果、家禽和石油，正如不应抢夺他人的眼睛和肾脏一样，这都属于不正义。

这里有一个潜在的前提假设，即这块土地最初不属于任何人，劳动是私有权产生的合法途径。这个前提假设也容易引起质疑，因为我们也可以把土地看作所有人的共有财产，而在土地上劳作其实不过是借用了所有人的土地资源。这种说法似乎和蒲鲁东（Proudhon）“所有权就是盗贼”的口号有异曲同工之妙，但即便如此认为，蒲鲁东似乎也想要拥有属于自己的牙刷和内裤，甚至是属于自己的帽子。

或许，劳动赋予了人们对劳动产品的合法所有权，却并没有赋予人对土地的合法所有权。假设把属于自己的东西比如劳动与X掺和在一起，就能获得对X的合法所有权，那么，一位小男孩站在河边撒泡尿，他就获得了对河流的所有权。

即便接受了掺入劳动能赋予人对土地一定程度上的所有权这一观点，那么我们所有的土地面积究竟应该多大？假设你种了几棵无花果树，无花果成熟了，你占有这些无花果或许是合理的，但你为什么还能占有更多的事物呢？按照这个逻辑，你的合法所有权究竟到何处才能终止？除了无花果，你的所有权还能扩展到何处？是无花果树，树周围的土地，以树为圆心的一亩地，还是整个国家？

我们先不管上述质疑，暂且假定劳动能使人得到对劳动所得物的合法所有权。继承了洛克思想的诺齐克认为，对于我合法所有的物品，只要我自愿转移给他人，他人对该物品的所有就是合法的。因此，孩子的继承权是合法的，任何对继承的财产征税的行为都是对应有的权利的侵害。需要强调的是，自由主义虽然赞成财产继承权，但并不代表赞成当下已经存在的财富分配不公，因为分配不公并非财产转移的环节出了问题，而是因为财产最初的获得就是不正义的，比如很多人是通过战争、偷盗、欺诈等手段获得了最初的财富。

除此之外，诺齐克还把税收制比作奴隶制。这当然是夸张的说法，毕竟，人们被税收制度支配，与奴隶被主人支配可是完全不同的。但无论如何，如果人们所有的工作报酬都要用于缴税，并且无利可图，显然是违背了他们的意愿。诺齐克还认为，财富的不平等并不必然导致不正义，而国家即便为了提高社会福利，也没有权力征税，这可是一个极端的右派观点。

A BEGINNER'S GUIDE
PHILOSOPHY
思维拓展

安娜和贝尔：自由主义面对的一个挑战

自然状态：按照洛克的说法，处于自然状态时，只有当为他人留下了“足够多足够好”的土地时，人们才有权利占有土地。政治自由主义者，比如罗伯特·诺齐克，将这个条件描述为：人们对物体的占用，绝不能使他人的处境变差。假设这个条件说明了自由主义对他人自由的保护和关怀，那么该如何理解“处境变差”呢？以下是一个与此有关的小故事：

> 在自然状态下，安娜和贝尔各种各的粮食，都能勉强过活，且每个人都拥有 10 个单位的快乐。但在贝尔开始占有土地之前，安娜就已通过劳动将土地据为己有，并过上了富足的生活，她的快乐上升到了 20 个单位。于是，贝尔就不能再使用土地，这说明她的处境变差了，但是安娜给她提供了一份工作。假如贝尔接受了这份工作，她们就能通过合作增加粮食总产量，而贝尔得到的报酬也将超出单打独斗时收获的粮食数量。因此，仅就物质条件来看，贝尔的

A BEGINNER'S GUIDE
PHILOSOPHY
思维拓展

粮食不但没有减少，反而更多了。于是，我们似乎就应该得出结论，贝尔获得了更多单位的快乐。但很显然，安娜对土地的占领降低了贝尔的整体幸福。因为作为雇员，贝尔必须听从安娜的命令，她会感受到权利的不平等，并且丧失了随意使用土地的自由。

道理：如果自由主义坚持“处境不能变差”的原则，那我们就不能局限在物质条件的层面思考问题，不能仅考虑占有土地所造成的直接影响。我们还应该考虑很多，比如，贝尔后代的生活很有可能会受到更大的限制，因为安娜的后代将继承更多的财富；贝尔的后代可能无法在森林里自由漫步，因为森林都是安娜后代的私人财产；贝尔的后代甚至可能买不起房子，因为像安娜这样的富人的后代提高了房价。要想“处境不能变差”的原则成立，我们就必须考虑到未来的代际关系，因为富人的有效自由能够降低穷人的有效自由。

税收：政府能否对个人财产征税

假设人们最初的财富完全平等，但每个人具有不同的天赋。设想有一个卓越的歌剧演员，就像玛丽亚·卡拉斯（Maria Callas）[①]那么出众。人们都簇拥着她，想看她的表演。她表演的票价很高，因而她越来越富裕，比她的同事与买票的观众都富裕得多。在这个过程中，所有的财富交换都是自愿的，没有任何人被侵犯。因此，政府要想对这位天才的歌剧演员征税，从而进行财富再分配，就没有任何合法的理由。无论产生了多么严重的财富不均等，她获得财富的过程都是正义的。

对此，有两种简单的反驳方法。第一，票价中已经包含了税收。这就是说，观众们买票的钱并不全是支付给天才歌剧演员一个人的，其中有一小部分属于税收。第二，人们自愿支付票价，但并不代表他们就愿意接受由此带来的财富不均。或许，在买票时，他们并没有意识到这种财富差异如此令人不满。由于经济实力的不平等，穷人发现他们被禁止进入很多地方，有些人买不起房子，有些人无法让子女上好的学校。只有对富人的财产进行再分配，穷人才能获得更多自由。

基于康德强调尊重作为主体的人类的观点（参见前面的章节），诺齐克对这种情况做出了回应，他认为不能将富人作为实现目的的手段，也不能为了实现更重要的经济平等就不尊重富人。通常，为了能让自己在将来获利，人们愿意让渡自己现在的自由，但在获利后，人们却不愿意再为了他人而继续让渡自己的自由。社会不能被视为一个统一的整体。

---

① 著名美籍希腊女高音歌唱家，曾被誉为20世纪最伟大的歌剧女王。——译者注

强的自由主义原则认为，个人的劳动与财产绝对不能被侵犯，不论侵犯的结果怎样，也不论对其侵犯多么有利于整体福利。我们本能地反感有人强迫我们把眼睛或肾移植给别人，这就支持了以上的观点。然而，我们会好奇，为什么有自由之人的自由要优先于没有自由之人的自由？难道为了帮助穷人而向富人征税，真的等同于强迫我们把眼睛移植给盲人吗？

不过，诺齐克赞同政府为了保护国家与公民而征税，即便有公民反对也是如此。税收给小政府型的或守夜人[①]国家提供了基本保障，让国家将之用于保护人们的私有权。但按照相同的逻辑，也能推出国家可以为了福利而征税，因为只有避免包括富人在内的人因意外陷入生活困境，才能保障社会稳定。而只有在稳定的社会里，一切才能安然有序，有天赋却贫穷的孩子才更有可能成为卓越的歌者。

的确，通过强制征税对财富进行再分配，或许会侵犯一些富人的财产权，但这只是在很小的程度上发生的，他们仍然受到尊敬。毕竟，根据税收制度对他们征收的税款肯定不会对其生活造成很大影响，也不会阻碍他们的发展。这就是说，个体受到的尊重是通过尊重包含劳动与财富的整体所有权制度而实现的。当然，尊重所有权制度，其实并没有彰显出尊重，因为尊重包含关心他人的态度。或许我绝不侵犯你的私人财产权，但这并不意味着我关心你。

---

① 亚当·斯密曾经说过，政府是一个“守夜人”。守夜人国家就是指服务型的国家。——编者注

政府对公民的财产征税与政府再分配公民的眼与肾，我们对这两件事的感受显然是不同的。也就是说，我们可以清晰、明确地区分个人的身体与身体之外的事物。前者使一个人是健康的人，而后者只是人拥有的财产，两者差异巨大。这或许能解释为什么强奸比抢劫银行更令人感到恐惧。在政治哲学中，保护个人的完整肉身以及隐私是一个至关重要的起点，但这并不意味着，对个人的收入和财富征税就威胁到了个人的完整与尊严。

就如何保护人们而言，有许多争论，也有许多危险和引人误解的观点。受到资本主义经济模式的影响，人们以为只要通过市场的自由开放，人们的生活就能得到保障。但是，人体器官交易、胎儿交易、花钱交朋友打发寂寞、购买荣誉，这些纯粹是为了牟利的行为让人感到恶心，也说明一切都市场化或货币化的局限性。或许，只有超越市场化局限的事物才有更大的价值。友谊、赞扬、爱情、尊严等价值是不能买卖的，因为一旦对其进行买卖，它们就遭到了腐蚀。毫无疑问，在交易劳动和商品的市场中，尊重个体是必须的；但假如一个人仅仅被视为资源、消费者、成本或“奶牛”，那就没什么尊重可言了。

自由原则：政府是否有权干涉个人的行为

罗尔斯与诺齐克都把个人视为理论起点，都通过设想个人与国家订立契约的方式来思考接受哪些条款是理性的。虽然密尔没有提出自然状态的契约论，但实际上，罗尔斯与诺齐克的理论都与他著名的自由原则相一致，这条原则在之前的章节中也出现过：

> 对于文明群体中的任一成员，之所以能够施用一种权力以违反某人的意志而又不失为一种正当行为，唯一的目的就是要防止对他人的伤害。……对于他本人，对于他自己的身和心，个人乃是最高主权者。

请注意，可能对人造成伤害并不是国家干涉个人的充分条件，即可能对人造成伤害并不足以说明国家有权利干涉个人的行为。例如，社会需要通过商业竞争以达到繁荣状态，在这个过程中，必然会出现伤害，也难免会有些人被市场淘汰。

密尔鼓励“生活中的实验”（experiments in living），并认为这将促进个人与社会的兴盛。因为：

> 即使是为了有益的目的，一个国家若只为使人们成为它手中较易于控制、驾驭的工具而阻碍他们的发展，那么，它终将看到，“小”的人不能真正做出“大”的事。

密尔的自由主义并不是说，只要不伤害他人，所有的生活方式都是值得尊重的，而只是说它们是可以容忍的。密尔同样认为，在保护民主，即根据多数人的选票进行管理的同时，要反对多数人专政和习俗专政，当然，更要反对享受特殊待遇的少数人专政。

自由原则中的伤害问题受到了广泛的批评，人们不断地争论究竟什么是伤害，如何确定伤害的范围，比如说，冒犯算不算伤害呢？批评者还认为，这个原则过于个人主义了，没有意识到共同体的重要性，而共同体是理解个人与价值的根基。持有这种观点的批评者通常被称为“共同体主义者”（communitarians），但个人主义的观点其实也很难被完全否定。共同体主义者认识到，人们的生活离不开历史传统，离不开亲人和朋友的关爱，离不开“共同体”；但假如把这些内容都看作个人幸福的构成要素，密尔的方法其实也并非完全在共同体主义的对立面。

罗尔斯的自由原则与诺齐克的自由主义都与密尔的自由原则相一致，但如上所述，他们从同一个原则走到了不同的方向。而之所以产生这种差异，是因为他们认为的优先性次序不同，即拥有优先还是需求优先，也就是说，是保护人们已经拥有的东西优先，还是让人们有能力去拥有东西优先。

现在，让我们回到本章开篇有关荒岛上的原住民与侵入者那里。假如上帝相信自由主义原则，原住民就无须把自己的物资分享给侵入者；假如上帝相信福利自由主义，原住民就要分享物资给侵入者，但仅局限在一定程度之内。

当然，在我们设想的这个荒岛上并没有上帝或政治权威决定人们怎么做，但我们还是要考虑怎么做才是符合道德的。或许，原住民瞧不起“权利”之类的说辞，毕竟谁也不知道是否真的有什么自然权利。或许她是边沁的信徒，认为自然权利毫无道理可言。或许，她会按照自己的道德感觉去行事，把侵入者看作一个活着的同类，而不考虑自己是否要听命于什么政府。或许，她充满同情心，具有像亚里士多德主义提倡的那样的美德，因而想要帮助他。当然，她也有可能坚持所有东西都是自己的，谁都不给，完全不给。

要点总结 PHILOSOPHY

1. **唯意志论**：国家的正当性在于且仅仅在于所有个体都一致认同国家的权力。
2. **自然状态**：是一种战争状态，人们始终要在最低限度上警惕、防备他人。
3. **“同意”论证**：人们愿意继续生活在一个社会中，就说明人们默许了这个政府的权威。
4. **“获得好处”论证**：每个人都能从政府那里得到好处，所以政府是合法的。
5. **无知之幕**：罗尔斯的一种设想，在其后就是处于一种完全中立的、没有偏见的立场。
   ① 对自由的共识：人们要寻求平等的自由、自治，要在不伤害他人的前提下过上想要的生活。
   ② 差别原则：只有当最有利于处于最不利状况之下的人时，经济上的不平等才是可以被接受的。
6. **自由原则**：只有在要防止对他人的伤害时，违反某人意志的行为才能成为正当的。

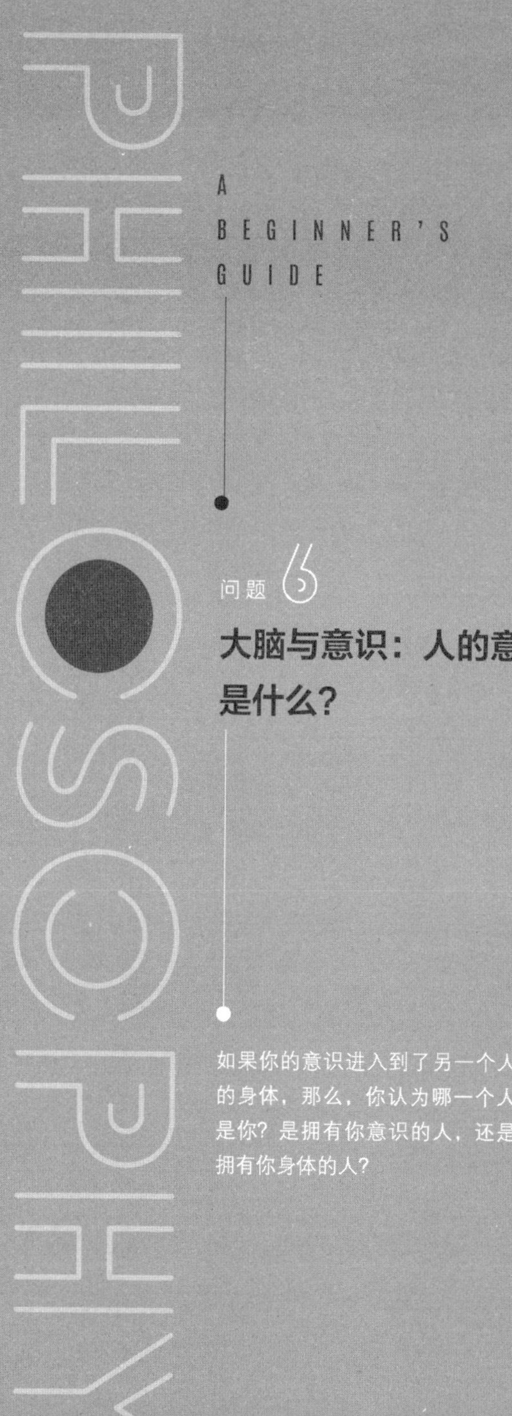

问题 6

大脑与意识：人的意识是什么？

如果你的意识进入到了另一个人的身体，那么，你认为哪一个人是你？是拥有你意识的人，还是拥有你身体的人？

你的脑袋里有一个大脑，那个大脑是一团灰色的、黏糊糊的、碰上去会扑哧作响的东西，它与人的思想、经验和欲望密切相关。然而，思想、经验和欲望却不能用灰色、黏糊糊、扑哧作响去形容。你可以幻想，幻想美丽的人鱼、浪漫的海滨风光、扑面而来的热浪；你可以抱有希望，希望中彩票、观看歌剧、打扮得漂亮；你可以怀有种种信念、动机和暂不自知的情感；甚至，你还可以体会自豪、空虚、爱以及更多的感受。

大脑中有一个由无数关卡、纤维和突触构成的神经网络，它有非常复杂的电化学活动。然而，无论神经学家多么深入地研究大脑，他们都无法亲眼看到任何“思想”，更别说找到人们在脑海中幻想的人鱼和海滨风光了；当然，他们也无法找到意图、信念和思念的蛛丝马迹。但是，大脑确实和这些思维活动密切相关，假如切掉大脑的一部分，你可能会瘫痪、失明，变得冷酷无情；切掉另一部分，你则可能无法进行短期记忆。假如把大脑压扁，那无疑就是你生命的终结了，当然，除非还要考虑你可能不朽的情况。

为了避免混乱，下面在讨论状态、事件和过程时，我将简化所使用的术语。比如讨论信念时，并不考虑这究竟是一个得到确证的信念，还是一个听从于直觉的信念。此外，“心理的”“精神的”和“心灵的”在本章中可以交换使用。

逻辑行为主义：意识是特定的行为

心理状态，特别是意识，和大脑到底有什么关系？简单来说，身心到底是如何实现互动的？打个比方，当你感受到疼痛时，你可能会呻吟、吃止痛药，甚至去看医生。一般来说，我们要通过观察才能知道他人正在遭受疼痛，但疼痛却是可以被直接体验的，而与之相似的还有颜色、声音、脑海中出现的文字等。这种直接的、当下的体验被称为第一人称的可感受性质（qualia）。只要关注可感受性质，我们就会认识到这种心灵体验和身体感受具有完全不同的特性。

笛卡尔强调了这种想法。正如前文中提到的，笛卡尔认为物理状态和心灵状态有令人捉摸不透的巨大差别。这种想法可能会让我们困惑于“他心”的问题，坠进怀疑主义的深渊，毕竟，如果他人的疼痛和想法都不能被直观看见，那说不定沙发也隐藏了自己的意识。

换个角度，仅仅关注我们能观察到的东西，即人们的行为。你的喜悦、你假期的安排、你的语言行为，以及面对具体情况时你做出的反应，等等，这些都属于你的行为。换句话说，心灵状态实质上就是人在特定环境中表现出来的行为，这种理论被叫作“逻辑行为主义”（logical behaviourism）。

逻辑行为主义让我们注意到以下几个问题：（1）在形而上学的角度，心灵状态是什么？（2）在语义学的角度，当人们使用心理层面的相关术语时，他们到底在指什么？（3）在认识论的角度，判断心灵状态存在的标准是什么？

第一个问题会让人思考人工智能的可能性：按照这一理论，如果机器人的行为和人类行为足够相似，那就说明机器人拥有了和人类一样的心灵状态，包括拥有意识。但对此，有一个很明显的反驳观点：尽管人们可以创造出和人类行为完全一致的机器人或生物体，但它们都缺少经验感受。第三个问题则会让人想起一个经典的问题，也就是说，如果一个人是逻辑行为主义者，那么在亲热后，他可能会问自己的伴侣：“你认为这是你给我的最好的爱，但你有没有问过我的感受？”

心脑同一论：意识是脑神经系统的运动

在一些流行的硬科幻作品中，总是把思想和大脑看作同一个事物。想想那些故事情节：将人的大脑从身体中取出，“砰”的一声扔进维持大脑活性的容器里，然后用电极把大脑和几个盒子连接起来，而这些盒子有的是“眼”，有的是“耳朵”。再之后，科学家通过这些盒子刺激大脑，大脑就像在身体里一样能感受到各种经验感受，进而也就拥有了思想、想象和意图等。在这种情况下，此时的大脑活动就是心灵的变化。我们在脑海里想象一个物体，比如一个黄色的灯泡，其实就等同于脑神经系统的一次运动。这种看法被称为“心脑同一论”（mind-brain identity theory）。和逻辑行为主义一样，这种理论也是从神经学角度进行论证的，它认为解释心灵现象只需要自然科学就足够了，并不需要任何超自然、超物质的东西。

几十年前，因为得到了许多澳大利亚哲学家的支持，心脑同一论又被称为澳大利亚人假说。这是一个唯物主义假说，它的基本内涵是，心灵状态不需要用其他超物质的因素来解释。唯物主义是一元论，认为人和整个宇宙的本质都是物质。唯物主义自古就存在，而在当代，物理主义（physicalism）一词对其进行了更好的概括。物理主义认为，包括人类在内的整个宇宙的事物都可以用物理方法来理解，当然，这里所说的物理方法也包括化学和生物的方法。但是，心脑同一论则是试图将心灵的东西“还原”（reduced）成物质的。

心脑同一论也被看作对逻辑行为主义的补充和修正。举个例子，假设有一块糖，因为一直不和水接触，所以它不会溶化，但实际上它是可溶解的，它的分子结构决定了它一遇到水就会溶化。与之类似，神经结构也是如此，它决定了当人一旦处于特定场景之中，就会做出特定的行为。在特定的情景中，人的感觉、信念和意向都只不过是神经状态衍生出的产物。比如说，当丹处在极度的痛苦这种神经状态之中时，如果单独一人，他会尖叫；如果与领导在一起，他会咬紧牙关、保持安静；如果与拉维尼娅在一起，他则会寻求帮助，诸如此类。

但是，逻辑行为主义和心脑同一论都无法解释感受性质。人们很难接受意识体验不过是神经的电化学活动这种观点，也很难认同意识体验仅仅是一种行为倾向。的确，当我们要描述可能发生的行为时，难免要使用心理方面的词汇。比如在上面丹的例子中，“紧咬牙关”这个词就描述了他的心理状态，表明丹努力想要隐藏自己的痛苦。

除此之外，人们还拥有对自己心灵状态的最直接知识，难道不是这样吗？我的许多心灵状态只有我自己知道，只有我自己能够体会。与之相对，大脑和行为都是向公众开放的。有个很烂的笑话说，医生口口声声地说你很痛苦，而你却对此一无所知。或许医生注意到了你身上一些细微的伤口，而你没有察觉，但在是否感觉到痛苦这件事上，你始终有最高解释权。即便用所谓的核磁共振扫描你的大脑，在你的思想与感受这方面，也没有人能超越你的权威性。

但这就引出了另外一个问题。除了抑郁等，通常心理状态都带有“意向性”，这是在 19 世纪由弗朗茨·布伦塔诺（Franz Brentano）提出的。比方说，你关注天上的星星，回忆浪漫的邂逅，害怕蜘蛛，相信独角兽存在，认为 19 是个质数，这些思考、信念、回忆等都指向了具体的内容。尽管行为倾向也有一定的方向性，但行为以及神经活动怎么会有内容呢？如果说古巴比伦人也有和我们一样的神经活动，那他会想到电脑或阿富汗被入侵吗？很明显，思想和言语的内容与人的生活环境、历史条件等密切相关。

莱布尼茨关于意识的思想实验

> 设想有一台机器，其构造使其可以产生思想、感觉和知觉，那么，我们便能做如此想象。对这台机器按比例进行放大，使人能够进入其中，犹如走进磨坊那样，以此作为前提。在参观其内部时，人们所能发现的不外乎相互碰撞的个别机件，而绝不会看到可以从中解释知觉的东西。可见，人们必须在单一实体中而不能在复合的东西或机械装置中去寻找知觉。而且，知觉及其变化这类东西也只有在单一实体中才能够找到。
>
> ——莱布尼茨《单子论》(1714)，第 17 节

莱布尼茨的说法强调了无论对大脑如何研究，哪怕是“进入大脑之中”，我们对心灵也仍然一无所知。通过形而上学的推理，他得出了一个奇妙的结论：现实是由不可分割的单一实体组成的，即“单子”（monad）。单子是一切复杂现象和物质的基础。人的具有理性能力的灵魂就是单子，人的肉体也是由无数单子组成的。每一个单子都是一个独立的世界，它是整个世界的缩影。所有的单子都遵循上帝的设计，按照各自的轨迹运动，世界因此处于和谐之中，即前定和谐。但奇怪的是，莱布尼茨声称他站在常识这边。

由于以上提到的问题，人们可能更愿意相信二元论，当然，二元论也有很多问题。虽然当代很少人认同笛卡尔的二元论，但当我们探讨心脑同一论时，也难免发现其中同样存在着最基本的二元论，即物质性与精神性的对立。而从进化的角度来看，这种对立的产生就是动物大脑在进化活动中逐渐产生了意识的属性。不过，这种属性二元论（property dualism），或者说“双重属性论”（double aspect theory）仍然存在一个常见的二元论难题，即两种性质完全不同的属性如何相互作用。哲学家们从神经学家的研究中得知，当人在进行心理活动时，某种特定的纤维，比如 C 神经纤维就会放电。但是，对于神经纤维放电究竟如何与腿疼等人类感知发生关系，哲学家们仍然十分困惑。

物理的因果系统一般被看作封闭的，物理变化只会导致物理变化，反之亦然。如果这个因果系统的确是封闭的，那么按照属性二元论的解释，人们感受到的疼痛（心灵属性）与尖叫、抱腿的动作（物理属性）就根本无法存在因果关系，因为物理行动只能由物理原因引起。副现象论（epiphenomenalism）[①]认为，物理活动可以引发出心理活动，比如经验感受，但心理活动不是引发物理活动的原因，也不对行为产生影响。用威廉·詹姆斯的话说，心理活动就像是旅行者的影子，对旅行本身没有任何影响。

副现象论有很多可质疑的地方。比如说，如果疼痛的感受不是引起

① 简单地说，副现象论主要强调意识是行为产生的附带现象，并不起任何作用。——译者注

尖叫、抱腿等行为的原因，物理行为仅仅取决于神经物理活动，那么，假设神经物理活动是引起尖叫的原因，它就同样也是引起快乐的原因，也就是说，痛苦与快乐的原因是相同的。除此之外，如果认为意识不能对行为产生影响，那就很难解释人为何会进化出意识。或许，你可以说意识只是一个偶然出现的副产品，但假如它只是物理变化的副产品和影子，那么，当人能够正确体会自己的心灵状态时，也一定只不过是运气好罢了。

取消物理主义：舍弃旧有术语

副现象论的不合理性让我们重新回到心脑同一论：就疼痛的例子而言，神经纤维放电引起了疼痛这种心灵状态，疼痛引起了新的电化学运动，继而又引起了尖叫和抱腿的行为。回忆一下第 1 章中提到过的莱布尼茨的“不可分辨者的同一性”原则，它能帮助我们看到心脑同一论中存在的问题。

当两个事物同一的时候，假如某件事对其中一个事物而言必然是真的，那么，它对另一个事物而言必然也是真的。众所周知，神经活动的发生和物理位置、电信号强度、化学激素水平有关，所以，如果说神经活动就是人的心理状态，就是沉思、记忆和希望，那么，这些心理状态同样也和物理位置、电信号强度、化学激素水平有关。但是，我们能说“希望”距离左耳一尺远吗？能说“这些神经细胞”与考试取得了好成绩有关吗？

取消物理主义（eliminative materialism）又被称作“心灵消失的理论”，它给出了一个强势的回答。简单地说，取消物理主义主张“别再提它们了，我们要舍弃旧有的术语”。之前的许多理论都试图用感知、想法、信念等词汇来解释人的行为，但这些理论都源于民间心理学（folk psychology）。越来越多的证据表明，以前的理论要被取代了。有人预测，民间心理学终将被行为的神经解释取代，进而导致现在使用的术语全部被遗弃，当然，这只是一种预测。以下是两个类比。

科学家们曾经认为，正是由于燃素被释放到空气中，才会发生燃烧，但是，燃素说最终被氧理论取代，“燃素”这个概念也被舍弃了。人们曾经坚信让人精神错乱的是恶魔，但在现代文明社会，恶魔理论早已被抛弃了，取而代之的是神经学医学理论。现在，已没人再认为精神错乱是因为恶魔，认为神经学知识是缺乏对恶魔的理解了。我们也不会认为，神经系统具有恶毒的动机或狡诈的性格。总之，之前围绕恶魔建立起的一整套理论都被抛弃了，恶魔这个实体意义上的概念也同理论一起被抛弃了。

和以上的逻辑类似，取消物理主义者认为，人们不需要担心神经活动无法解释可感受性质或意向性，随着对神经活动理解的逐步发展，人们将会抛弃那些旧有的心理学词汇，生活在一个思想清晰的、属于神经学解释的新世界里。到那时，人们可能会继续使用旧有的词汇，但那是另一种情形了，就像人们虽然明白能否看得到太阳只是因为地球在自转，但仍说太阳“在升起”一样。

取消物理主义者的主张确实有很多缺陷。毕竟，在现阶段，我们还很难说民间心理学的理论全都是错的。我们能运用民间心理学有效地预测他人的行为。而且，信念、感知、希望、欲望等概念也是不可避免的，它们并非只是理论上的概念，我们还能亲自体验到。因此，与燃素或恶魔不同，现有的心理学词汇不能被简单地从概念体系中驱逐出去。

如果要保留现有的心理学概念，或许我们还需要一种更科学的理论来对其进行解释。毕竟，刺激大脑的特定部分确实可以使人体验到特定的感受。这是将心理活动解释成神经活动的一个证据。但这并不能反驳二元论，要注意，即使当且仅当特定神经纤维放电时，人才感到疼痛，也依旧不能把疼痛与神经纤维放电等同。它们可能只是紧密相关，又或者后者是前者的原因，但绝不代表二元论就一定是错误的。我们再来看看奥卡姆剃刀定律（Ockham's Razor）。

中世纪的逻辑学家奥卡姆（William of Occam），更准确地说，是他的弟子，提出了如下的方法论原则：如无必要，勿增实体。这句话就是说，对于用较少的东西同样可以做好的事情，切勿浪费较多东西去做。如果说心理状态仅仅是用于补充说明物理状态，那它完全可以被去掉。只要把一切都交给神经学，大脑的种种都能被弄清楚，比如说哪种特定的神经放电对应哪种心理状态。但这种理论也存在一些问题，我们要小心提防。

如果说痛苦、回忆必须源于人类这一套特殊的神经状态，那么按照这个逻辑，我们就会得到这样一个结论：章鱼、鲸鱼、外星人都无法感受痛苦、拥有回忆。毫无疑问，不同物种具有不同的神经结构，其他物种可能缺少人类的某些特性，但我们却不能否认它们也有意识，也能感受到喜怒哀乐。

心脑同一论或许能避免上面提到的同一物种歧视（homo-bio-prejudice）和沙文主义（chauvinism）的问题，相对而言，或许是更加完善的理论。不过，如果要理解心脑同一论如何避免歧视和沙文主义，我们就必须引入类型和记号（type/token）[①]之间的差别。那什么是类型和记号呢？举个例子，如果有人问“你们今天都卖什么啤酒”，你可以从类型方面来理解，比如说卖 5 种啤酒；你也可以回答到底有多少瓶啤酒，比如每种 20 瓶，一共就是 100 瓶，即 100 个记号。

现在，有些心脑同一论者主张，可以把同一类型的心理事件理解为同一类型的物理事件，即认为它们是类型之间的对应关系。但是，这种方式的心脑同一论其实并不能避免歧视和沙文主义。与之相反，记号主义则主张，一个单独的心理事件对应一个单独的物理事件，而同一类型的心理事件并不对应同一类型的物理事件，即认为它们是记号之间的对应关系。也就是说，心理事件和神经事件，即物理事件并没有绝对的对应法则。

人类、章鱼、外星人都能感受疼痛，且疼痛是同一类型的心理事件，但是，并不因为它们是同一类型的心理事件，就一定要对应于同一类型

① 举个简单的例子，假如一个班上有 50 位同学，其中 25 位男生、25 位女生。我们就可以说，这里有 2 个类型（男 / 女），50 个记号。——译者注

的物理事件。但这又立即引出了一个新的问题：既然对应不同的物理行为，那这些感受为何都能被称作“疼痛”呢？下面我们来看看与之相关的具体行为。

功能主义：意识是复杂的功能

对于语言的含义，我们既不是生而知之，也不是通过魔法瞬间领悟的。从婴儿时代起，我们就在与他人打交道的过程中，逐渐了解了语言的特定含义，例如“疼痛”“快乐”“思考”“记忆”等。我们都会挑选特定的词语，并描述与之相对应的行为。因此，当我们用词语描述某些心理状态时，就牵涉到与之相对应的行为，毕竟“意义在于用途”。

当一个女性想要描述英国的时候，她会在脑海里选择一些词语；但只有当她处在某个具体环境中时，比如有人正在问她喜不喜欢英国，她才会想要描述英国。然而，在具体环境中，每个人都可能会有她当下的心理状态，比如当时想不想说话，会不会觉得尴尬，等等。可见，人们在环境中所表现出来的行为是复杂的，而正是因为意识到了这一点，有人逐渐开始支持功能主义（functionalism）。其实，功能主义只是一种更复杂的行为主义。功能主义认为，心理状态就是指复杂的功能，并且，心理状态能够成为具体行为的原因。

下面，我们先来看看关于想法、智力和理解的心理状态，然后再看可感受性质。

艾伦·图灵（Alan Turing），就是那个曾在第二次世界大战中带领团队破解英格玛密码的计算机专家，他提出了用于判定计算机是否拥有智能的实验方法，即图灵测试（Turing Test）。这个测试的基础就是功能主义。

图灵测试指的是，如果把一个人类和一个拥有完美人类发声系统的机器同时放在幕后，测试者问两者同样的问题而无法辨别到底哪个是人、哪个是机器的话，就可以说明这个机器具有和人类同等水平的智能。当然了，问题的范围必须极其广，不能只有数学计算题，而机器也要同时具备人类的一些缺陷，比如要在回答过程中有一些停顿和思考。我们通过类比来看看这种观点会带来什么结果。

在国际象棋中，骑士棋子扮演着特定的角色。它可能是木制的，也可能是陶瓷的，显示在电脑上则是由像素组成的。但无论如何，最重要的是它作为骑士的功能，而不是制作它的材料。同样，钟表、武器亦是如此，最重要的不是材质，而是功能。关于这一点，银行的语音应答系统更能说明，因为人们在乎的只有能否听得清楚，而不在乎发出声音的是自动电子发音设备、老式的磁带，还是某个住在远方努力挣钱养家的银行职员。

以上例子都试图说明，某一特定功能可以由不同的方式实现。功能主义也是这样看待心理状态的，并由此避免了其他传统论可能导致的生物沙文主义。简单地说，功能主义认为，心理状态就像是一款软件或应用程序，可以在不同的硬件或生物湿件，即人脑上运行。心理状态由脑神经放电引起，并能够控制或影响身体的行动，因此，脑神经放不放电其实并不重要，只要能起到相同的作用就行。或许，心脏的变化、硅片的电流，或是其他稀奇古怪的东西都能起到这种作用。所以，只要有类似的功能结构，章鱼和外星人就能感受到疼痛。

功能主义和记号主义同一论是可以共存的，但它们都并没有解释清楚物理状态是如何产生意向性和可感受性质的。

事实上，我们要区分清楚角色（role）和实现器（realizer）的差别。继续用国际象棋的例子，当说到骑士棋子在游戏中扮演着某个特定的角色时，我们或许会想到这个棋子长什么样，但这仅仅是因为该棋子能够实现该角色的功能或作用。同样，心理状态有时会被理解成它所要实现的功能，有时则会被理解成实现这一功能的具体事物。当然，也正是因为该事物能够实现这一功能，它才会被看作一种心理状态。

和沙文主义的批评恰恰相反，功能主义面临着过度自由主义的问题。这一点在约翰·塞尔（John Searle）、内德·布洛克（Ned Block）等当代美国哲学家的思想实验中都有很好的体现。塞尔的“中文房间”（Chinese Room）这一思想实验直指图灵测试的自由主义，它试图指出，尽管机器能够实现理解的功能，并能给出正确的结果，但它仍然缺少理解这个过程。布洛克的“中国人大脑”（China Brain）实验则关注可感受性质的问题。

A BEGINNER'S GUIDE
PHILOSOPHY
思维拓展

塞尔和布洛克的思想实验

塞尔的“中文房间”实验

把一个不懂中文的，以英语为母语的人安排在一个房间里，这个房间中有很多很多中文书籍，当然，这些书籍对他来说不过是天书而已。在这个房间之外，有一个中国人，这个中国人会把写有英文的字条通过小窗口递给里面以英语为母语的人，并让他写出与英文对应的中文汉字再递出来，其间，他可以使用房间中的语法书和字典进行翻译。

塞尔认为，就算里面以英语为母语的人完全不懂中文，他也能通过查字典实现翻译这个功能，外面的中国人也会认为他懂中文。然而，尽管里面的人给出了正确的汉字，但他仍然是不懂中文的，因为简单地处理符号并不足以被称为理解。

塞尔坚持认为，就算这个以英语为母语的人完全记住了语法书的内容，或者他可以不用写而是把答案说出来，结论也不会变，他仍然不懂中文。

A BEGINNER'S GUIDE
PHILOSOPHY
思维拓展

布洛克的“中国人大脑”实验

神经活动是由按序排列的电信号刺激构成的。假设打造一个没有大脑的人工肉体，并将其命名为艾尔特，用十亿中国人作为大脑的替代品，这十亿个中国人通过无线电来操控艾尔特的肉体。

艾尔特有感受器，当他的脚趾被砸了，信号会被其中一个中国人接收到，并通过一定的网络传递给其他人，进一步地，他们会传递信号给艾尔特，让他尖叫并大喊：“快停下！”但是，中国人们并没有感到痛楚，也不会尖叫。

感受疼痛这个功能已经被实现了，所以功能主义者必须接受这个违反常理的结论，即艾尔特感受到了脚趾的疼痛。中国人传递信号、安排神经放电就是脚趾的疼痛感受。当然，因为信号转换需要时间，艾尔特不能和人一样迅速做出反应。

如上所述，按照塞尔的思想实验的逻辑，我们可以用一个更常见的例子来说明：家里的防盗装置会因为环境变化而发出警报，但我们却不会说它很聪明或反应迟钝，因为防盗装置本身并没有发出警报的欲望，也不会思考外界发生了什么。对于这种观点，有人反驳说，人和防盗装置以及塞尔的中文房间里的人不同，人类经过高度复杂的进化，拥有了理解能力。只要足够复杂，心理状态就能彰显出来，就像沙堆能始终保持平静，但只要再添加一点重量，就会瞬间崩塌一样。但也有很多事例说明，不管神经系统的运动多么复杂，心理状态都不会出现。

接下来看看可感受性质，在中国人大脑的实验中，中国人接收并发送信号给其他人，模拟了大脑的信号接收与转换的过程，而在这其中，功能也得到了充分的实现。因此，功能主义者必须承认，艾尔特也在一定程度上体会到了可感受性质，这难道不是与我们的直觉完全相反吗?

就中国人大脑的思想实验而言，它用中国人的信号传递法取代了脑神经放电，这种方式可能会让很多人觉得过于模糊且难以理解。好吧，下面我们就通过其他方法来讲解这个思想实验的中心思想，而这个方法就不那么“违反直觉”了，至少不会让你瞬间就觉得它违反直觉。

人的自我意识是什么

假设有一个普通的人叫莱格，他当然有意识、思想等经验感受。如果说功能主义或同一论的观点是正确的，那莱格的大脑具体在何处就无关紧要。我们可以假设他的大脑在身体之外，用线路完好地与身体连接在一起。我们甚至可以假设莱格把大脑放在提供营养的密封容器中随身携带，虽然他会因此而行动略有不便，但到目前为止，这个场景似乎没有什么理论上的不可能。

为了保持活动方便，我们可以用无线电连接莱格的大脑和身体，而这样的话，只要把大脑放在一个固定的地方就好了，反正这对大脑和身体之间的无线连接也没有影响。

现在我们可以根据这个情境来进行思想实验了。接下来，我们逐渐用其他替代品来代替大脑组织，而在这个过程中，仍然保持信号发射和身体之间的联动作用。再想得大胆一点，只要能保持信号发射和身体运动之间的连接，就算把大脑弄碎扔得遍布全宇宙也无所谓。因为到现在，还是能满足功能主义的要求，莱格还是有自主意识，他的身体活动也还能照常进行。

换句话说，莱格的心理状态就是与身体相连的这一整套装置，当然，这里我们用的是无线连接。如果严格遵守功能主义的原则，甚至连身体也不用考虑在内，因为功能主义只要求实现某种功能，也就是说，即便没有外在身体的存在，只要有东西能发挥身体的功能就足够了。只要神经信号产生了看到猫、感到脚趾疼痛的心理状态，那是否真的有猫、有脚趾都不重要。

继续来看下一个比喻。假设有一个内部结构完好、可以正常工作的恒温器，但如果不连接到常规锅炉，或者连接到运转不良的锅炉，恒温器就不能成功保持所需温度。进一步考虑，如果因果关系实际上不仅仅是事件的常规连接，就像大脑与身体的正常连接，那么，恒温器中的种种相关变化只需要可靠地按顺序发生，实际上未必是由一个因素引发另一个因素。

事实上，如果心理状态是神经激发的时间模式，那么请考虑，在当下这个时刻，由于存在数十亿人，就发生着数万亿这样的激发。这样的数万亿激发，遍布数十亿人之间，可能以多种多样的方式引起身体的运动。如果因果关系只不过是规律性的功能呈现，那么上述林林总总的方式就能构成各种各样的心理体验，尽管与身体之间缺乏适当的联系。[①]

哲学家探索的道路是非常艰辛的，他们有时会沉溺于荒谬的假设与思索中。如果我们真的把心理状态看作一种实现功能的模式，看作神经放电或者硅片刺激，那最后可能会得到非常荒谬的结果。可能生物性质确实是心理状态的基础，但我们仍不能只关注生物性质，否则，贝多芬的《第九乐曲交响曲》就仅仅是一堆音符，完全丧失了它震撼心灵的力量。

① 作者在这里想要说明的是，仅仅根据功能，而不考虑心灵与身体的连接方式，就不足以说明复杂的心理体验。——译者注

身心问题一直困扰着哲学家，现在有很多不同的解决方案，除了上面提到的之外，还有一种神秘主义思想。神秘主义的支持者认为，身心问题将会是人类一直难以解决的问题。很多理论都试图将心理状态还原成其他东西，比如神经结构、行为、功能等。但也许最好的解答正如 19 世纪英国主教约瑟夫·巴特勒（Joseph Butler）说的那样，“事情只是它本来的样子，其他什么也不是”。

在进行思想实验时，一定不能忘记肉体和周围环境的重要性。我们并不是真的认为沙发可能像人一样能够感知到疼痛，因为无论做什么，沙发都不能表达自己的疼痛；同样，无论对沙发做什么，它也都感觉不到疼痛。难道在培养皿中制造神经放电，我们就真的认为能创造出思想吗？当然不是。想法、信念、希望、欲望等都需要载体，需要合适的环境。

假设心灵是能够通过外在表现来表达的，但我们也不能忽视某些无法表达情绪的患者，这样的不幸没有任何规律可言，很可能发生在我们每个人身上。

或许，非要把人类活动拆分成物理的、心灵的是错误的。比如说，洛丽骑自行车、和同事调情、为晚上的音乐会做准备、明天去签按揭合同，这些行为都是由身体和心灵一起完成的，并不能简单将两者区分开来。如果洛丽很开心，那她就会微笑，这样的微笑与情景有关，而不仅仅是面部肌肉的变化。人们会头痛地哄恋人开心、把衣服搭在椅背上、做出承诺、因为他人缺乏诚意而发怒，心理状态和生活总是相互交织的。

与躲在角落的“智能”电脑或机器人相比，人类会跑过海滩，会朝着孩童大喊，会试图不让冰激凌滴落，会不想晒日光浴而想要游泳。了解如何应对人类世界中的这些事情非常重要。机器人或假想中的其他类似于人的“人”至少要明白这些生活，才有可能拥有真正的心灵。

维特根斯坦曾写道：“就算狮子会说话，我们也理解不了它。”狮子的想法、需求都和人类的大不相同，如果狮子说“我饿了”，那人们一定会赶紧跑掉。但仍有一些基本的东西是共通的，比如饥饿、疼痛、性欲。我们不会觉得这些和沙发有关，但狮子也不会理解经济危机和消费主义。

维特根斯坦苦恼于如何理解心灵，这是他曾写的文字：

> 陷入哲学困境就仿佛是一个人被困在房间里，想出去却不知道怎么办，他想爬窗户，但窗户太高，他想爬烟囱，但烟囱太窄。

这个房间仍然困着很多人。不管有多努力，多想找到出口，哲学家的各种幻想仍然让我们感到困惑。比如他们设想的僵尸，有着与人类相似的行为，却没有任何经验感受；比如他们设想的“超级禁欲主义者”，不论感受到什么疼痛都不会表现出来；比如他们设想的“超级骗子”，心里所想的与行为完全不一致。于是，我们可能会在困惑和纠结中崩溃，并重新想起那个经典的问题：“成为一只蝙蝠会是什么感受？”

不管多么了解蝙蝠的回声系统，不管把蝙蝠的生物结构研究得多么透彻，不管设想自己如何飞行，不管如何描述倒挂在房顶、扇动翅膀的感受，我们都始终无法解释清楚一件事，即蝙蝠的意识，或蝙蝠眼里的世界到底是什么样子的。

成为一只蝙蝠到底是什么感受？就算蝙蝠会说话，我们也理解不了。

要点总结 PHILOSOPHY

1. **逻辑行为主义**：心灵状态就是人在特定环境中表现出来的行为。
2. **心脑同一论**：心灵的变化就是大脑活动，在脑海里想象一个物体，就等同于脑神经系统的一次运动。
3. **副现象论**：认为物理活动可以引发心灵活动，但心灵活动不是引发物理活动的原因，也不对行为产生影响。
4. **取消物理主义**："心灵消失的理论"，主张舍弃所有旧有的术语。
5. **功能主义**：心灵状态就是指复杂的功能，像一款软件或应用程序，可以在不同的人脑上运行。

A BEGINNER'S GUIDE

问题 7

知识论：知识是什么？

假设面试的时候，面试官问你一个问题，而你因为太紧张而导致大脑一片空白，此时是否能说你拥有关于这个问题的知识，为什么？

“你知道怎么去圣何塞吗？”你问道。有个当地人告诉你要向前直行。按照他的指示直行后，你顺利到达了圣何塞。谢天谢地，那个当地人没有瞎指路。“嗯，”哲学家却说，“但那个本地人真的知道[①]路吗？”

怀疑主义的哲学家不相信关于“知识”的一切论断，甚至怀疑知识本身是否存在。我们在下一个章节中再评价这种怀疑态度，但在此之前，确实有必要搞清什么是知识。毕竟，在探讨独角兽是否存在之前，我们必须知道独角兽是什么。在日常生活中，我们总会说有些人拥有知识而另外一些人没有，可是，到底什么是知识呢？前面提到的那个当地人又是否真的知道去圣何塞的路呢？

① 英文中的“知识”（knowledge）是动词“知道”（know）的名词形式。所以，下文说“我知道 p”就等于“我有 p 的知识”，反之亦然。——译者注

知识的充分必要条件

想要了解知识，就要找出知识的充分必要条件。什么是充分必要条件？以正方形的定义为例，我们来简单说明一下。什么是正方形？首先要满足的必要条件是，必须有四条边，但这远远不够，因为有四条边的图形也可能是不规则图形。不过，我们可以沿着这样的思路，一步步列出所有的必要条件：四条闭合的边、四条边都相等、四个角都是直角。按照这个思路，我们可以思考一下：知道斯德哥尔摩是瑞典的首都，明天是玛蒂尔达阿姨的生日，直走会到达圣何塞的必要条件分别是什么？换言之，我们可以开始思考，知道 p，即一个有真假的命题的知识的必要条件有哪些？

首先，如果你要知道 p，p 就必须是真的。因为如果 p 是假的，也就谈不上知道 p 了。比如说，假如巴黎不是法国的首都，就不可能有人知道巴黎是法国的首都。“真”是知识的必要条件之一。但是，p 是真的，不代表就有人知道 p。比如，现在北极圈以内的地区有一定数量的北极熊，就这个数量而言，有个数字一定是真的，但没人知道这个真的数字是多少，甚至北极熊也不知道；再比如，早餐的时候总统喝了香槟，有没有人知道以及有多少人知道，都不妨碍它是真的。

其次，除了事件为真之外，我们还必须相信它是真的。假如总统真的喝了香槟，但我们不相信，我们就没有这个知识；只有相信总统喝了香槟，才能说明我们知道它。因此，除了 p 为真之外，知道 p 的第二个必要条件就是人们相信 p 为真。

只有同时具备这两个条件，才能说明人们知道 p。换言之，人们对真命题要有相应的心理状态，即相信它为真。也就是说，知识要求人们相信，但相信不代表它就是知识。现在，就让我们来考察一下这种心理状态。

相信是知识的必要条件，但相信是知识的充分条件吗？一般来说，我们并不这么认为。因为一个真信念也可能是歪打正着，比如说，在比赛前一天，你莫名地觉得 A 队会赢，结果 A 队真的赢了，但我们不能说你知道 A 队会赢。因此，知识还需要第三个必要条件，即真信念要得到辩护。你不能仅靠运气，还需要一些证据或理由来相信这个真信念。比如在刚刚那个例子里，这个证据可以是你给参与比赛的另一支队伍下了药。

综上，知识的必要条件可以用如下例子来说明，奥斯卡知道 p，当且仅当：

（1）p 为真；

（2）奥斯卡相信 p；

（3）奥斯卡相信 p 是可以得到辩护的，即奥斯卡有理由相信 p。

以上三个条件之中，（1）是知识的必要条件。为什么？因为只有 p 为真，奥斯卡才能知道 p。同样，（2）和（3）也是必要条件。（1）（2）（3）

三者结合在一起，就是“奥斯卡知道 p”的充分条件。因此，根据以上的分析，知识就是可以得到辩护的真信念（true justified belief）。

以上是对知识的传统看法。我们通常认为，这个理论源于苏格拉底关于知识的观点。苏格拉底认为，只有人们的信念拥有坚实的根基，知识才能存在。人们必须对一件事深信不疑，而不是模棱两可或被迫相信；同时，他们所相信的内容必须是真的。希望每个人都愿意相信确凿可靠的真理吧，就当是对苏格拉底的怀念。除此之外，你为信念辩护的能力，比如你的理性，你寻找的证据，将帮助你找到真理。如果你能有效地为自己的信念辩护，那么，别人就很难说服你放弃自己的信念，你也能反驳那些不同于你信念的观点。

后面，我们将会讨论另一种情况，一种外在于心灵的情况，但现在，我们继续来看这个理论。可辩护条件是内在于主体内心的，人们能够给出自己相信的理由，并为自己声称的知识辩护；或者，至少在面对反驳时，他们能够说出支持自己观点的理由。

假如我们相信一个观点，比如柏拉图写了《美诺篇》（*Meno*），即便他人提出了不同意见，我们仍要相信柏拉图的确做了这件事。但问题在于，我们有多大把握确信这件事是真的？不管理由有多么完美，我们都不能说这个信念一定是真的，因为在不知不觉之间，我们可能就已经犯下了错误。

所以，为了避免错误和教条主义，我们就必须了解反对我们的证据和观点。但这却又造成了一个自相矛盾且危险的结论：如果真的知道 p，那么，我们就知道所有反对意见都是错的，可是，难道我们要反驳所有的反对意见吗？在接下来的章节中，我们会讨论这个问题，但现在先来看另一个问题。

人们需要理由支撑他们相信的信念，而很显然，这些理由必须是他们知道的知识；因此，他们又需要更多的理由来支撑之前的那些理由。比如说，你相信基多是厄瓜多尔的首都，理由是地图就是这么标注的。但为了证明你的理由是正确的，你还需要更多的理由证明地图是可靠的，或者你的眼睛没有问题，等等。这种想法让我们意识到，知识必须依赖于一些坚实可靠的根基，这些根基不再需要进一步的理由证明。有人认为，这样的根基就是我们最直接的体验，或者最基本的、不可动摇的信念。

假如我们拥有了“知识的根基”的知识，那么这些作为根基的知识就不符合上述知识的定义了，因为它们并非可以得到辩护的真信念。因此有人强调，与其诉诸根基，不如在复杂的信念关系网中，让信念彼此支撑。这个相互联系的网络是融贯的，彼此之间没有矛盾。然而，即便整个信念网络都完美自洽、相互支撑，也不能保证知识的真理性，它们有可能全都是谬误。因此，融贯性不能确保真理性。

上述问题会让人陷入怀疑主义，但这个问题留到接下来的章节中分析，现在我们把目光放回最初的传统知识理论上。

A BEGINNER'S GUIDE
PHILOSOPHY
思维拓展

代达罗斯的雕像

根据柏拉图早期对话录《美诺篇》的记载，苏格拉底讲了一个代达罗斯（Daedalus）的故事。

苏格拉底和美诺在讨论知识。美诺向苏格拉底提问："既然正确的意见和知识一样能产生好的结果，那为什么知识能得到比意见更高的赞誉呢？"这也许不难理解，因为比如在问路的时候，你肯定只想知道知识而不是意见。但苏格拉底却说，只有美诺本人已经知道了答案，他才能告诉美诺答案。这就是苏格拉底式的智慧。即便是最伟大的哲学家，有时也会来点小幽默，当然，他其实也是最谦卑的哲学家之一。

他还对美诺说，也许美诺没有注意过代达罗斯那些栩栩如生的雕像：

> 如果不把这些雕像捆绑起来，它们就会逃跑；如果捆住它们，它们就会待在原来安放它们的地方。如果你有一件未被捆绑的代达罗斯的

A BEGINNER'S GUIDE
PHILOSOPHY
思维拓展

> 作品，那么它不值什么钱，因为它会像一个逃跑的奴隶一样溜走；但如果你有一件被捆绑住的作品，那就非常值钱了，因为它们都是伟大的作品。

于是，为了解答美诺最初的困惑，苏格拉底这么评价真信念：

> 正确的意见只要能够固定在原处不动，那它就是一样好东西，可以被用来做各种好事。可惜的是，它们不会在一个地方待很久，它们会从人的心灵中逃走，所以，如果不用理性把它们捆住，它们就没有什么价值。

为你相信的信念辩护，能够让这个信念变得更加可靠，能够让它成为知识而非单纯的幸运猜想。

挑战知识的必要条件

传统的知识理论主要面临着两种挑战：第一，这三个条件中，任意单独的一个都是知识的必要条件吗？第二，这三个条件放在一起，就是知识的充分条件吗？由于面对这些挑战，哲学家又不想把传统知识理论完全推翻，于是通常要对其进行各种修正与补充。

看看这三个必要条件。其中，第一个“要求为真”的条件，即便人们有时会对其感到困惑，但也很少有人否定它，当然，除了完全否认真理存在的怪人之外。而第二和第三个条件，即“相信”和“可辩护”的条件，则有很多人反对。以下是对“相信”条件的一个典型反驳。

设想一个场景，现在是面试现场，紧张的候选人们正在回答面试官的提问，由于焦虑或面试官太强势，他们已经接近崩溃了。他们大脑一片空白，甚至不知道自己在想什么。若在平时，他们都能轻松表达自己的想法，为自己的信念做出恰当的辩护，但在高压环境中，他们一句话都说不出来。按照传统理论，在这种情境中，他们无法为自己的信念做出辩护，可难道这就是不知道答案吗？同样，在安静的教室里，卡米拉能非常流畅地解释波义耳定律，但当面试一个高校的教职时，她却紧张得一句话都说不出来，难道这就说明她不知道这一定律吗？通常我们认为，卡米拉并非缺乏知识，而是在那个环境里，她无法表达自己已有的知识。

信念、知识都无法立即进入人们的意识之中。睡觉的时候，人们无法用语言表达信念与知识，但如果因此就认为，人在睡觉的时候没有意识或知识，而睡醒后它们又奇迹般地回归，岂不是很诡异？除此之外，即便是醒着，有能力做出反应，但由于外界巨大的压力导致了焦虑、困惑或紧张的情绪，人们同样可能无法获得已有的知识或信念，也无法表达它们。

对于第三个条件，即要求人们为真信念做出辩护，以上的挑战或反驳同样适用。比如在面试现场，候选人们能给出正确的答案，但由于太紧张而没有办法正确地说明理由。这时，我们或许仍然认为他们知道理由或拥有知识，只是没有办法表达出来。

以上例子说明，在理解知识的条件时，我们通常都忽视了一个重要的区分，而这个区分可以用以下两个问题表达。第一个问题是，人在什么时候拥有知识？第二个问题是，人在什么时候能宣称自己拥有知识？你可能对这种表述感到困惑，我们先举个简单的例子。

我有合理的或充分的理由宣称，“我知道她昨晚喝了一瓶威士忌”，但事实是，我没有这个知识，我错了，她并没有喝酒。而在上面那个例子里，我们可以说，卡米拉有知识，即知道波义耳定律，但是卡米拉不能宣称自己有知识。

这就是说，“某人拥有知识”与“某人宣称自己拥有知识”是不同的，但人们却很容易混淆二者。我们有足够的理由认为，卡米拉拥有关于波义耳定律的知识；但卡米拉并没有足够的理由认为，自己拥有关于波义耳定律的知识。这就是一个著名的悖论，即摩尔悖论（Moore's Paradox），它指的是，对于同样的一件事，他人谈论时并不荒谬，但做这件事的人自己谈论时就很荒谬。比如今天是周日，而你相信今天是周一；在这个前提下，我可以说“今天是周日，但你相信今天是周一”；但你不可以说“今天是周日，但我相信今天是周一”，因为这样就太荒谬了。

要想理解“某人拥有知识”与“某人宣称自己拥有知识”这个区分的重要性和价值，我们需要看下一个反对传统知识必要条件理论的例子。有人声称，即便不考虑基本信念，即便没有理性、证据或缘由支撑，即便没有外在环境的干扰，人们仍然有可能知道 p，并且坚定地相信 p。下面就是这个例子的内容。

早晨起床后，卡桑德拉觉得下午要下雨。尽管她没有给出任何理由，但到了下午，你发现她是对的。最初，你觉得这不过是运气。但假设卡桑德拉总是对的，而且只要下雨，她就能预测出来。经过长时间的成功预测，人们都已经把她当作天气预报员了。即便她没有理由支持自己的信念，即便她不知道自己是怎么知道的，但她就是知道何时下雨。现在，由于她之前的每次预测都很准确，所以人们都信任她的预测；但是，之前的每次预测都准确，并不能说明她今后的预测也准确。不过，不论如何，由于她一直都是正确的，我们暂且认为她具有相关的知识。我们来分析一下这个例子。

A BEGINNER'S GUIDE
PHILOSOPHY
思想聚焦

谨慎对待知识

“真”的需求

“如果奥斯卡知道 p，那么 p 必然是真的。”这句话有两种解释：

（1）如果奥斯卡知道 p，那就必然得出结论：p 是真的；

（2）如果奥斯卡知道 p，那就得出结论：p 必然是真的。

后者强调知识必然为真，但人们在日常生活中使用“知识”并不能保证这一点。生活中有大量的或然性事件，它们只是碰巧出现，关于它们的论断也只是碰巧为真。比如说，你知道自己正在读这本哲学书，但这不是必然的，因为你可能会读另一本，只是现在碰巧在读这一本而已。

必然真理的可靠性

“仅仅相信必然真理，这就能避免错误。”

A BEGINNER'S GUIDE
PHILOSOPHY
思想聚焦

这种理解就是没有搞清错误发生在何处。毕竟，无论相信哪一种真理，我们都应该避免错误。而无论相信偶然真理还是必然真理，论证、证据都会让我们犯错。想一想在数学上犯过的错误就能明白了，数学涉及的都是必然真理，但我们仍会犯错。

“不会犯错”的谬误

“如果你真的知道，你就不会犯错。”这句话是正确的吗?

你有充足的理由相信，杰西正在喝威士忌，而这些理由包括你正在看着她，她每天都喝威士忌，她正一口接一口地喝着杯中的东西。然而，即使是这样，你仍有可能搞错，她今天可能没喝威士忌。而如果她真的没有在喝威士忌，那你就不具备“她正在喝威士忌”的知识——你只是以为你知道。知识要求你不要犯错，但并不要求你不能犯错。

卡桑德拉每次的预测都很准确，这一定有一个原因。比如，她对大气压的变化特别敏感，而每逢下雨时，气压的变化都让她有种快要下雨的感觉。卡桑德拉和其他人都不知道她能够感受到气压的变化，也不知道气压变化导致了下雨。虽然她总是说“我就是知道”，但她却不知道怎么为自己的知识辩护。也就是说，她拥有知识，并不要求她一定能为自己的知识进行辩护。于是，传统知识论的可辩护条件就有问题，因为知识拥有者可以不知道自己为何拥有这些知识。不过，这些知识仍然可以得到辩护，但不是由知识拥有者本人完成，而是由知识拥有者不知道的外在因素完成。

通过以上例子，我们可以看到，为真信念提供理由有两种方式：（1）你自己能为“p 为真”提供理由，而这些理由能够让你巩固或坚持自己的信念，这也的确是你为信念进行辩护的有效方式；（2）无论你是否能提供理由，你的信念的真假，都取决于决定它真假的外界因素。因此，好的理由当然能帮助你巩固自己的信念，使你的信念更有可能为真；但是，即便你不知道理由，合理的外界因素，即因果链条，仍然可能会证明你的信念为真。

由于看到了外界因素，即因果链条的重要性，我们就会发现，它其实非常关键。因为知识拥有者所提供的辩护理由，只不过是偶尔描述出了这种外界因素而已。但是，这种方法并不能帮助我们更加简单地理解知识，因为我们不知道抽象真理，比如数学，如何成为外界变化的原因，一个个抽象数字怎么能改变世界。即便是只涉及日常经验的信念，这个方法也有问题，因为理解外在世界的因果链条与理解知识一样复杂。而哲学家通常只是觉得这里的概念需要梳理一下而已，就像梳理一下起毛的地毯。

挑战知识的充分条件

以上所有例子都在挑战“知识的必要条件”。现在，我们来看看知识的充分条件所面临的挑战，即“可以得到辩护的真信念”是否就是知识的充分条件。对于这个论述的攻击，一般都以反例的形式表现，主要是为了说明有时人们已经有了可以得到辩护的真信念，但仍然缺乏知识。这些反例通常被称为盖梯尔反例，因为它源于埃德蒙·盖梯尔（Edmund Gettier）的一篇论文。这篇论文举世闻名，不仅因为它有效地挑战了传统知识理论，还因为它十分简短。而该文中的思想渊源，则可以追溯到几百年之前的伯特兰·罗素（Bertrand Russell）。

首先，我们来看一下“可以得到辩护的真信念”是否就是知识，以亨利的故事为例。

鹰眼亨利每天早上都要锻炼自己的视力，他会盯着所有通过小路踏上他私人沙滩的人。他坚信，有人正在沙滩上。他的信念是真的——的确有人在沙滩上，那个人叫苏希。他有足够的理由支撑这个信念。“我观察得很仔细，亲眼看见她走了过来，像往常一样，她拿着毛巾、书和防晒霜，并且还没有回去。”他有足够的理由声称自己知道，他也确实知道。

的确，鹰眼亨利看到苏希晃晃悠悠地从悬崖边的小路走来，踏上沙滩，去做日光浴。于是，他相信苏希正在沙滩上做日光浴。那么，按照逻辑，他就能合理地推出：有人正在沙滩上做日光浴。毋庸置疑，如果你相信苏希在做日光浴，那你肯定就同意有人在做日光浴。

下面，我们给这个例子加上一些新的元素，就将会出现一个盖梯尔反例。其中，最关键的一个元素是，沙滩上确实有人在做日光浴，但不是苏希，而是一个亨利不认识的女人。这个人叫露丝，她从岩石上爬下来，快速跑进沙滩，因此没被亨利看见。而苏希则因为拒绝不了百万富翁的游艇、香槟和爱情，早就偷偷溜走了。但是，亨利的信念仍然是真的，的确有人正在沙滩上在做日光浴。

进一步说，亨利相信“有人正在沙滩上做日光浴”，源于他相信“苏希正在沙滩上做日光浴”；而他对后者的坚信，又有着充分的、合理的理由，比如他亲眼看见苏希拿着毛巾、书和防晒霜走过去。所以，亨利的辩护是合理的，他的信念也是真的，即他有一个“可以得到辩护的真信念”，而这个信念就是“有人正在沙滩上做日光浴”。然而，我们还是觉得，亨利其实并不知道有人正在沙滩上做日光浴。他的信念为真，不过是运气使然。但不管如何，他声称自己知道有人正在沙滩上做日光浴，的确有着十分合理的理由。

这该怎么办呢？

亨利的辩护过程存在错误，也就是“苏希正在沙滩上做日光浴”这个环节存在错误，因此，我们就要对知识的辩护条件进行修正，即为真信念辩护的过程不能有错误的步骤。但这么说还不准确，因为亨利的推理过程其实并没有任何错误：他看到苏希从小路走来，就顺理成章地推出结论，认为有人在沙滩上做日光浴。所以有人认为，在亨利得到“有人正在沙滩上做日光浴”的结论的过程中，“苏希正在沙滩上做日光浴”的信念起到了至关重要的作用，而这个至关重要的信念不能为假。

假如这种说法成立，那我们就将得到一个令人不快的、过于苛刻的约束条件，即如果 p 在日后被证明是假的，那我们事先也不能声称自己相信 p。与之相比，或许，正确的结论应该是：假如辩护过程中出现了错误，即便这说明知识持有者事实上并不拥有知识，但他声称自己拥有知识的行为依然是合理的。

处理这些问题的另一个方法是：关注论证中的缺陷，或者关注亨利有关“有人正在沙滩上做日光浴”这一信念的不确定性。亨利论证中的缺陷如下可见：

> 如果亨利发现苏希没有在沙滩上做日光浴，比如他接到了苏希从游艇上打来的电话，那么，他就不会再认为有人正在沙滩上做日光浴，尽管这个信念是真的，确实有人正在沙滩上做日光浴。

亨利相信“有人正在沙滩上做日光浴”的理由是可以被否定的，这就是说，如果亨利获得了更多的信息，比如知道苏希正和一个百万富翁在游艇上约会，他就不再相信有人正在沙滩上做日光浴了。他的信念与辩护的理由，就皆被否定了。

以上的思考引出了对传统知识理论的补充，即辩护的理由不能被否定。假如知识能够成立，假如知识的辩护理由能够成立，那么，它们就不能被其他证据否定，而且不管人们是否已经掌握了这样的证据。在这个例子中，否定辩护理由的证据就是苏希没有在沙滩上做日光浴。一旦亨利掌握了这个证据，他就不会再坚信有人正在沙滩上做日光浴。因此，亨利关于“有人正在沙滩上做日光浴”的信念缺乏足够的理由，只要掌握了新的证据，他就可能立刻抛弃这个真的信念，不再相信有人正在沙滩上做日光浴。

这样看来，我们似乎应该认为知识的本质要涉及因果联系。亨利相信“有人正在沙滩上做日光浴”的原因是，他看见苏希晃晃悠悠地从悬崖边的小路走来；但是，苏希并不是“有人正在沙滩上做日光浴”这一信念为真的原因。也就是说，亨利相信有人正在沙滩上做日光浴的原因，与有人真的在沙滩上做日光浴的原因截然不同。有人真的在沙滩上做日光浴的原因（露丝在沙滩上做日光浴），并不是导致亨利相信有人在沙滩上做日光浴的原因（苏希在沙滩上做日光浴）。

以上说明，通过因果关系进行解释，也能避免盖梯尔反例的质疑。但是，这种解释方式也存在问题。盖梯尔反例想要揭示知识这个概念存在的问题，而无论上面的“不能有错误的步骤”，还是“要使用因果关系”

都不过想要说明，我们为知识辩护的理由绝对不能有误，或不能被否定。但真的不能被否定吗？以下有两个例子。

先来看第一个例子。亨利喜欢观察鸟类。通过观察，他告诉我们有一只海鸥站在对面，这也是真的。这个判断满足了上面讨论过的所有要求，他有恰当的理由，也有合理的因果逻辑，所以，他知道对面是一只海鸥。或者说，他相信对面站的是一只海鸥。的确，那就是一只海鸥，而且亨利正盯着它看，看得清清楚楚。因此，他的观察为他的信念提供了完美的辩护理由，同时，那只海鸥也有效地证明了他的信念。但是，再假设，不久之后空中飞来一只隼和一只鹰，他仍然自信满满地说："啊，看啊，那有一只海鸥，那边还有一只。"这就足以说明，他没有关于海鸥的知识，最初他也并不知道对面那一只鸟就是海鸥，即便他给出了恰当的辩护理由也无法改变这一点。

正是因为亨利的结论太不可靠，所以说他缺乏辨别不同鸟类的知识；正是因为无法辨别不同的鸟类，所以他声称自己看到了海鸥也是不合理的。请注意，假设亨利后来没有看到其他鸟类，也没有认错任何鸟，我们仍要说亨利最初看到海鸥的时候并没有海鸥的知识。我们之所以这样判断，都是因为后续发生的事情：即使看到不是海鸥的鸟类，比如隼和鹰，亨利也会把它们误认为海鸥，当然，这些事现在可能还没有发生。由此，我们可以得出一个新的想法，即知识需要可靠性，需要当事人具备分辨相似事件的能力，不管相似事件当时是否真的发生了。就像糖是可溶的一样，即便它永远不会碰到水，永远不会被溶解，但它依然是可溶的。

我们来看第二个例子。亨利非常了解苏希。看到一个女人走向沙滩，他毫不怀疑那就是苏希。我们假设，亨利相信这个女人是苏希有非常充分的理由，而且这个人确实是苏希，说明了他的信念为真。除此之外，亨利还能轻易地把苏希与沙滩上的其他女人区分开来。因此，亨利认为自己有关于苏希的知识，这非常合理，至少看起来如此。那么，问题来了。

有一天，亨利突然得知苏希有一个孪生妹妹，而且他看到有个长得与苏希一样的女人正向沙滩走来。亨利还得知，苏希今天心情不好，因为昨晚聚会时闹得太厉害了，她想在酒馆里照顾昨晚喝多的人。于是，亨利开始怀疑他刚才看到的到底是不是苏希，他的信念开始动摇。他会觉得，刚才看到的人很可能是苏希的孪生妹妹。但事实上，那个人就是苏希。

假设亨利并没有得到关于苏希和苏希妹妹的消息，但如果他知道了，他会立即质疑自己的想法。所以，即便他还没有获得这些信息，我们仍要质疑他是否真的知道苏希去沙滩了。一旦他掌握了这些信息，他的信念与辩护理由就不再那么合理了。换言之，他尚未掌握的证据，同样导致他的辩护理由是可以被否定的。我们可以把这一点与前面提到的“没有错误步骤”的观点联系起来。也就是说，亨利的推理过程中暗含着错误的步骤，因为他有一些错误的信念，比如，误以为苏希没有双胞胎妹妹，误以为自己能区分出姐妹俩人，就像误以为自己能区分出海鸥与老鹰一样。

亨利不能区分苏希两姐妹，也不能区分不同的鸟类，这说明他不是一个可靠的信息来源。不过，这里还有更多复杂的问题。假设苏希确实有个孪生妹妹，但没有任何证据能证明她在这个镇上。那么，这个孪生妹妹的存在，或者是宇宙中任何长得像苏希的人的存在，还能削弱亨利的辩护的可靠性吗？所以，问题就在于，什么样的证据能影响到辩护的可否定性与可靠性？

假如一个长得像苏希的人生活在这个镇上，她想晒日光浴、朝亨利走来，这或许对亨利是否具有关于苏希的知识有影响；但假如这个长得像苏希的人生活在宇宙中的不知道哪个地方，这或许就与亨利是否拥有关于苏希的知识毫不相干。而在这两种情况之间，存在着相当大的灰色地带。

假设苏希有一个孪生妹妹的消息是谣言，她其实并没有孪生妹妹。再假设这个谣言传到了亨利的耳朵里，那么，他同样会怀疑自己是否看到了苏希。可见，与真相一样，谣言也会导致亨利的信念及其辩护理由成为可以被否定的。这样看来，知识必须要非常非常坚固，要禁得起一切谣言和反例，而这不免让人怀疑有没有真正的知识。稀奇古怪的谣言可以随意编造，而人们的信念又极易被动摇，所以，哪有什么真正的知识呢？

A BEGINNER'S GUIDE
PHILOSOPHY
思维拓展

维特根斯坦的挑战："知道"一词的日常使用

人们很自然地认为，我们非常了解自己的各种心理状态，比如我知道我很疼，我知道我很痒，我知道我在想什么。但了解他人的心理状态却很困难，只能根据他人的行为来推测。

与流行的观点不同，维特根斯坦曾写道：

> 在什么意义上我的感觉是私有的？——那是，只有我知道我是否真的疼；别人只能推测。——这在一种意义上是错的；在另一种意义上没意义。
>
> 如果我们依正常的用法使用"知道"这个词（否则我们又该怎么用），那么，我疼的时候别人经常知道。——不错，但还是不如我自己知道得那么确切！——一个人一般不能用"我知道我疼"这话来说他自己，除非在开玩笑之类。——这话除了说我有疼痛还会是说什么呢？

A BEGINNER'S GUIDE
PHILOSOPHY
思维拓展

这一段话引发了众多思考，支持和反对的声音绵连不绝。一种想法认为，这错误地把“我在痛”当成了描述性的。但维特根斯坦认为，若是如此，说自己“痛”就和自己尖叫、呻吟是一样的了。若是如此，人们说“我知道我在痛，我很确定我在痛”，就相当于在说完“我知道，我很确定”之后，接着再尖叫一声或呻吟一下了。因此，二者从语法上来讲都是毫无意义的。

另一种想法则认为，“我们为何觉得知识必须排除犯错的可能性？”维特根斯坦写道：

> 我可以知道别人在想什么，但不可以知道我在想什么。说“我知道你在想什么”是正当的，但说“我知道我在想什么”则是错误的。

或许，这些想法最大的意义就是提醒了我们，在试图理解知识的概念之前，要先反思一下“知道”一词在日常生活中的应用。

“知道”与“相信”的转化

真信念如何成为知识？人们如何才能为知识做出有效的辩护？这些问题一直困扰着哲学家。随着追问越来越深入，问题却越来越多，无数的反例越来越让人质疑，知识是否有所谓的充分必要条件。也许这全都是无用的探索，比起继续寻找一劳永逸的方案，我们更应将目光投向情境，这似乎也印证了维特根斯坦对普遍性的不屑一顾。

对传统知识理论不满的哲学家通常都认为，“知道”和“相信”是两个完全不同的概念。如果两个不同的概念，始终都保持不同，那就比较容易理解。但有时，信念却能转变成知识，也就是说，“知道”与“相信”有时是相同的。借用一个例子来说明。

一个在伊斯坦布尔的人今天还没有成为外公，但第二天，他远在伦敦的女儿生了个儿子，他就成了外公。他经历的这种变化被称为“剑桥变化”，即一种仅仅由外在原因而导致的变化。同样，“亨利知道苏希在沙滩上”和“亨利相信苏希在沙滩上，但苏希不在沙滩上”的差别仅仅在于，就前者而言，苏希确实在沙滩上；就后者而言，苏希不在沙滩上。知识和信念间的转化只取决于现实情况的不同。

信念在某种程度上要有说服力，辩护同样如此。进一步说，人们的信念是否牢固，是否能够声称自己获得了知识，辩护是否合理，都要取决于一定的语境，即其他可能性、紧急与否、相关信息，等等。在我们声称自己拥有知识的时候，这些因素都要列入考虑。我们或许有足够的理由声称自己拥有知识，可一旦面对质疑，我们的立场可能就会动摇。这些因素都和“声称自己拥有知识”有关，但我们需要记得这个或许有些争议的观点：我们是否具有知识，需要依赖一定的语境。

我们来看信息的获取，这是“某人声称自己拥有知识”时需要考虑的关键因素之一。我们只能在一定的语境中获取信息，而在这个语境中，我们已经考虑到了所有的可能性。通过咨询亨利，我们已经知道了苏希或其他女人是否在沙滩上；但是，苏希的孪生妹妹或长得像苏希的人是否在镇上的问题，我们压根没有碰到。此时，只要亨利能够区分苏希和其他人，那他就是个可靠的信息来源。他提供的信息对我们来说就已经足够了。

在本章开篇，我们关注的是知识的传统定义，即“知道什么”；后面，我们又说到了“是否知道”与“如何知道”的重要性。的确，“如何知道”需要具有可靠的理由。

如果不仅仅考虑个人是否有合理的理由为自己的信念辩护，如果要判断人们是否真的拥有知识，那么，环境的不断变化，如同思想实验中那样的变化，似乎就足以解释我们为何对“一个人是否拥有知识”的看法产生变化。诚然，我们对知识要有一个普遍的判断标准，或者说，知道到底是什么决定了我们的知识为真，但是，需要多强有力的支撑理由、何种类型的理由，都要由现实环境决定。

只要亨利能说出他相信的理由，只要他的理由足够可靠，我们就有理由相信他。即便亨利有不确定的地方，但如果他对事实的了解程度已经能满足我们的需求，那我们或许就会说，他拥有一定的知识。我们可能会问他“你为什么这么认为”，或者“你是如何知道的”，这两种问法实际上是指向了不同的辩护角度。“为什么”的问题，要求亨利给出他持有这个信念的理由和证据；而“如何知道”的问题，要求亨利说明他的信念在客观上就是真的。[①] 当然，这两个问题的答案可以是一样的。

假设我们问：“今天早些时候谁去沙滩了？”亨利回答：“苏希。”我们暂时不知道亨利的答案是否可靠，他可能纯粹是瞎猜的，也可能是道听途说的。所以，我们继续问他是否知道那个人就是苏希。“没错，肯定是她。”他答道，而且回答得铿锵有力。

这样的回答已经基本能够满足我们的需要了，但我们或许想要得到更多信息。比如，我们其实是想要找凯蒂，所以问他：“你确定不是凯蒂？”亨利回答说：“绝对不是，我能分清凯蒂与苏希。”

他能够辨别苏希与他人的不同，这或许已经足够了；但如果我们了解了更多信息，可能仍然会觉得不满意。比如，我们听说苏希的孪生妹

① 作者这里的意思是：假设你认为 A 是一个女性，但 A 其实是一个男性，那么，“为什么”的问题要求你解释你为什么认为 A 是女性，比如他穿了裙子、化了妆，但这个问题不要求你的信念一定是真的；“如何知道”的问题，则要求你的观点一定要与客观事实相符。因此，在你错误地认为 A 是女性之时，你仍然可以回答“你为什么认为 A 是女性”，但你不能回答“你如何知道 A 是女性”。——译者注

妹来到了小镇上，那我们就想知道，亨利是否能够区分这两姐妹。我们把这种担心告诉亨利，他自信地说:“别担心，这只是一个谣言，苏希根本没有孪生妹妹。”此时，我们的疑问可能就会被打消，但也可能继续追问下去。当然，我们可以像怀疑论者一样，想出一些奇奇怪怪的问题去为难亨利，看看这个信念的基石是否坚固，比如说，“如果你真的知道那是苏希，那你就一定能区分苏希和凯蒂，一定能区分苏希和她妹妹，一定能区分苏希和她完美的模仿者”，等等。

这些怀疑主义的话题，我们留到下面再讲。

在日常生活中，对“知识”的使用并没有太多严苛的要求，只要我们能辨别差异，有一定的洞察力，这就足够了。但是，什么时候足够，则要取决于特定的语境、具体需求，以及面对的特殊情况。而在哲学讨论中，日常生活的语境、需求和特殊情况都被忽视了，哲学家困扰于某个具体的概念，试图找寻到适用于一切概念的、确定无疑的普遍性，而这种普遍性之中，蕴藏着所有概念的源头与归宿。

我们或许要接受18世纪德国浪漫派诗人、作家，也是半个哲学家的诺瓦利斯（Novalis）的观点。这个观点就是：

哲学是一种乡愁，是一种无论身在何处都想回家的冲动。

要点总结

PHILOSOPHY

1. **拥有知识的充分必要条件**：① p 为真；②相信 p；③有理由相信 p。

2. **知识的概念**：知识是可以得到辩护的真信念。

3. **对知识必要条件的挑战**：

   ① 人们并非缺乏知识，只是在某个环境下无法表达自己已有的知识。

   ② 混淆了“某人拥有知识”和“某人宣称自己拥有知识”。

4. **对知识充分条件的挑战**：

   ① 即便辩护过程出现错误，仍然可能得出正确的结论。

   ② 如果没有分辨相似事物的能力，只要相似事件未发生，就可以得出正确结论。

5. **摩尔悖论**：对同样一件事，他人谈论时并不荒谬，但做这件事的人自己谈论时就很荒谬。

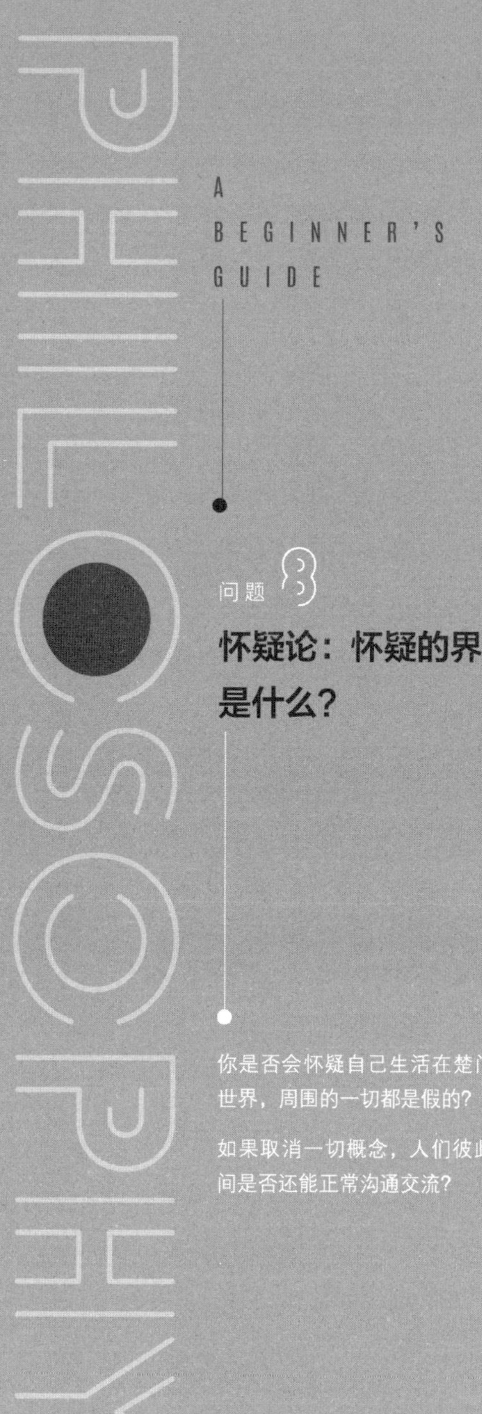

A BEGINNER'S GUIDE

问题 8

怀疑论：怀疑的界限是什么?

你是否会怀疑自己生活在楚门的世界，周围的一切都是假的?

如果取消一切概念，人们彼此之间是否还能正常沟通交流?

正常的、理性的人都知道地球围绕太阳旋转，知道前几日曾阴雨霏霏，知道下周的海洋中仍有鱼虾，但在参加哲学研讨会时，他们通常都会态度骤变。突然间，他们似乎不再确信自己拥有上述知识，或者开始真诚地承认自己无知。他们开始变得多疑，甚至怀疑人类获取知识的可能性。有些怀疑主义者声称万事万物皆不可知，甚至“万事万物皆不可知”本身都是不可知的。

怀疑主义可以追溯到古希腊哲学家爱里斯的皮浪（Pyrrho of Elis）。皮浪有很多奇闻逸事，比如说，他无视摔下悬崖、被疯狗咬等各种危险，因为他认为没有理由相信自己的感觉。幸运的是，他有一些正常的好朋友，他们会在周围保护他，使其免受灾害影响。皮浪认为，怀疑主义的目的是不动心，以使生活不受社会习俗困扰，在听闻坏消息甚至掉下悬崖时都能无视痛苦、保持平静。那么，我们能否一生都持有这种怀疑态度呢？显然，这样的一生必然充满了危险，而且在这样的生活中人们也难以交到朋友。不过，怀疑主义非常有意义的一点是，它提出了一个至关重要的问题，即人们深信不疑的观念和日常行为的根基到底是什么？

在前面，我们提到过笛卡尔的普遍怀疑论。通过天才恶魔的假设，他尽可能地质疑了一切。而在其他人都已经接受了人要不断怀疑的时候，笛卡尔又试图一劳永逸地寻找到知识的基点。在探讨普遍怀疑论之前，我们先来看一些较弱的怀疑论。

通常，人们只在特定领域内有所怀疑，比如说，你或许只怀疑道德知识的可能性，但相信其他知识。比如说，多个世纪以前，许多人怀疑科学"知识"的真实性，而坚信上帝的存在。又比如说，现在，人们或许会怀疑经济学理论，甚至怀疑最新的宇宙论，但对其他科学知识都感到信任。

伯特兰·罗素（Bertrand Russell）是20世纪著名的逻辑学家、诺贝尔奖得主，也是一位备受争议的政治活动家。在97年的人生中，他曾两次入狱，还曾被剑桥三一学院和纽约市立学院解聘。罗素认为，过去的宇宙与今天的世界之间不能存在任何矛盾，两者必须彼此相容。通过化石，我们可以回忆过去；通过经验，我们知道食物在保质期内不会腐坏。但是，证据与结论之间存在着一个断层，证据有时不足以说明人们想用它说明的内容，比如看见番茄上的霉斑（证据），我们认为它是几天前买的（结论），但这两者之间其实存在着一个断层。一旦存在这样一个断层，一个逻辑上的断层，就滋生出了怀疑主义。

怀疑主义怀疑所谓的关于过去的知识，甚至怀疑“过去”是否存在。但令人好奇的是，人们总是更愿意接受过去的知识，而不愿意接受关于未来的知识。

或许，这是因为人们能从记忆中看到过去。比如说，由于光的传播需要时间，人们看见的星星其实是几百万年前的星星，而未来的一切还不存在，至少当下还不存在。但是，我们也可以反驳说，过去的一切同样不存在于当下。未来确实无法预测，但人们关于过去的观念同样可能是错的。而且，在未来的发现，不仅能够确定人们之前预测的未来是否正确，有时还要根据它们修正过去的知识。所以，人们对现在的理解可能也是错误的。

对有关未来的知识的关注，很容易让人怀疑归纳推理的可行性，大卫·休谟就提出过这种质疑。

黑天鹅故事：对归纳推理的怀疑

哲学家，甚至是畅销书作家，都无法绕开下面这个非常非常古老的黑天鹅的故事。曾经，欧洲动物学家观测到的所有证据都说明，天鹅全都是白的。通过观测到的证据，比如一百万只天鹅都是白的，他们信心满满地得出结论：所有天鹅都是白的。这也就意味着，以后观测到的所有天鹅也都将是白的。但突然有一天，澳大利亚出现了一只黑天鹅。于是，普遍性的结论“所有天鹅都是白的”就被打破了，而且只是因为出现了一个黑天鹅的反例。

A BEGINNER'S GUIDE
PHILOSOPHY
思维拓展

应对怀疑主义的两个方法

苹果比喻

笛卡尔用普遍怀疑的方法揭示了知识的根基。下面是他著名的“苹果”比喻：

> 如果一个人有一篮子苹果，他担心其中有一些是烂苹果，想把它们挑选出来，以免使其他苹果也烂掉。那么，他该如何着手呢？难道他不是应该先将篮子倒空，然后把苹果一个一个地检查一遍，再将那些没有腐烂的苹果挑出来，重新装回篮子里，并将那些腐烂的苹果扔掉吗？
>
> 同样，现在人们从小就持有的很多观念都是错误的。他们要把错误的观念和正确的分开，以防那些错误的观念污染了所有的观念。而完成这个目标最好的方法就是把所有观念都当成错误的，一次性全部抛弃，然后逐个检查，只采纳那些不再存疑的正确的观念。

当然，事实并不像笛卡尔这个例子所说的那样简单。我们必须接受某些观念为真并将其保留下来，比如说关于怎样判断真假的观念，因为我们要根据它区分哪些观念要被保留，哪些观念要被舍弃。

海员比喻

奥图·纽拉特（Otto Neurath）是 20 世纪维也纳学派的成员之一，维也纳学派强调知识获取要以经验观察为基石。奥图·纽拉特打过一个更现实的比方：

> 我们就像海员一样，必须在浩瀚的大海中修补自己的船只，而绝不可能在船坞中拆卸船只，再用最好的构件把它重新组装起来。

为了评估观念，我们必须接受有一些基本观念为真。这并不是说把这些被接受了的观念从评估范围中排除出去。某些观念，例如观念的连贯性，是不能被怀疑的，除非我们被威拉德·冯·奥曼·蒯因（Willard van Orman Quine）说服了。蒯因是美国一位杰出的哲学家，在逻辑学方面有着惊人的成就，他坚信“一切都是可修正的”。不过，或许他应该加上一句，“除了‘一切都是可修正的’这句话”。

“所有天鹅都是白的”是一个经验性的推论，它有可能被反驳，事实上也确实被反驳了。但反驳不会立刻生效，即便是发现了黑天鹅，这种反驳也会被暂时搁置。因为基于先前的认识，人们相信天鹅都是白的，而这个生物有黑色羽毛，那它就不是天鹅。这样一来，“天鹅都是白的”这一结论原本源自对现实世界的经验观察，但现在，由于人们对“天鹅”的概念进行了界定，“天鹅都是白的”的真理性就由概念本身来保证了。

当然，想要继续相信“天鹅都是白的”这一经验推断，并非只能通过重新界定“天鹅”概念的方式。人们还可以质疑看到黑天鹅是因为那里光线太差，或者干脆直接否认这个黑色的生物是天鹅。就像亚里士多德说的，“一燕不成夏”，一个反例不足以否定先前的结论。但是，假如经过细致的调查，发现那里的光线没什么问题，这个生物的生理结构也和天鹅完全一样，那先前的结论就应该被否定了。

上面，得出“所有天鹅都是白色的”这一结论的过程就是归纳推理，归纳推理的基本形式如下：

前提：所有已知 F 都是 G；

结论：所有的 F 都是 G。

F 和 G 都代表一种性质，比如“是天鹅”“是白色的”。即使前提为真，结论也未必为真，也就是说，这个论证并不是有效论证。我们在前面解释过，一个有效论证，在前提为真时，结论必为真。

归纳推理依赖的是自然世界的一致性，但谁能证明这种一致性呢？有种看法是，如果归纳推理的前提涵盖了无数的观察结果，那“所有的F都是G”的结论为真的可能性就非常大。但这种看法也面临着挑战，比如有人认为，知识需要前提涵盖所有的F，不管是已观测到的还是未观测到的，也不管宇宙中到底有多少个。

科学理论在一定程度上要依赖于观察。例如，关于力、加速度、质量的理论，气体体积与压强的关系，液体的沸点，抗生素的功效，这些规律被假定为普遍适用于整个宇宙。从电子设备到药物治疗，再到交通工具，科学理论在各个领域都取得了巨大的成功，如果说归纳推理缺乏可靠性，那还有什么能为科学知识提供根基呢？

20世纪，以卡尔·波普尔（Karl Popper）为首的一些人，强烈反对把科学理解为归纳推理，反对从无数经验观察中总结出普遍结论；相反，他们认为科学要关注猜想以及针对它们的反驳。他们认为，科学家应大胆提出经验性的猜想与假说，比如所有金属加热后都会延展、所有天鹅都是白的，之后再对预设的结论进行审查。如果出现矛盾，那就否定并抛弃这种猜想。如果某种猜想并没有被驳倒，也不能直接被证明为真，那就暂时接受它，留待以后进行更多的检验。猜想总有一天会被反驳，这就是科学的“可误论”（fallibilism）。许多科学理论，从托勒密（Ptolemaic）的地心说到牛顿经典力学，都被反驳了。但是，波普尔对归纳推理的质疑导致了悖论性的后果：在他的理论中，与一个仅通过少量验证的理论相比，经过大量验证之后仍然成立的理论，其实并不更加可靠。

正如天鹅的例子那样，需要面对来自全世界的检验的并不仅仅是理论的前提假设。假如出现了反例，我们不仅要反思理论本身，还要反思所有辅助性的推理与最初的判断。比如，假设一个理论认为，化妆品会导致细胞突变，但有一次实验结果并没有显示出现细胞突变；那么，这可能是理论本身出了问题，也可能是实验时的皮肤状态不理想，还有可能是实验仪器存在误差。你可以回想一下在物理课上做的实验，如果实验结果不符合预期，你并不会认为是理论存在问题，而会认为是实验的某个环节或实验者的问题。

因此，我们还要重新反思质疑结论的方法。我们要意识到，即便找到了反例，也不能说明以前推出的普遍性结论就一定是错的，因为反例的出现可能还涉及许多其他因素。或者说，我们需要接受一个不能被质疑的前提，即还有许多未知的因素影响着实验结果。进一步说，结论错误，前提不一定错误；但前提错误，结论就绝对不再可靠了。

实际上，科学家会判断哪些研究领域有发展前景，进而设计一些研究课题；但无论研究哪些课题，他们的科学实验都要遵循一定的范式，比如某些基本理论，或对世界的基本看法。通常情况下，只有当出现革命性的变革后，他们才会改变这个基本范式。只有当旧的范式变得过于笨拙，或者存在太多的前提假设而无法解释新的反例时，他们才会舍弃旧的范式。当然，存在太多前提假设其实也违反了奥卡姆剃刀原则，即“如无必要，勿增实体”。其中，最典型当然也有争议的例子就是：托勒密的范式，即地球是宇宙的中心，太阳围绕地球转，革命性地变成了哥白尼的范式。哥白尼曾经说过，“我们终于把太阳放在宇宙的中心了”。

从某种程度上说，科学进步取决于科学家的研究课题，而研究课题又取决于社会因素、资金支持、文化禁忌、政治正确等。一方面，有些课题可能没钱研究，有些课题则可能没法研究。比如，有人反对用动物做实验，有人觉得某项研究没有预期收益，有人担心政府会因某项研究而认为他们是性别歧视者。另一方面，有时候科学家会把充满矛盾的实验结果扔在一边，做别的事去了，于是，只能等百年后，由历史学家从落满灰尘的卷轴中找寻他们的错误。

但是，如果我们要理解这个世界，就一定要有一些基本理论，不过，它们也要时刻接受反驳与检验。这就是波普尔理解的科学：它和伪科学相反，伪科学不受反例的质疑，无法被证伪。占星学就是一种伪科学，因为它的预言过于模糊，无论发生什么情况，都可以说它符合预言。还有人认为，分析心理学和宗教都是伪科学，有什么反例能对它们提出质疑呢？

归纳推理的合理性

对归纳推理的反驳是合理的吗？当一块砖头向玻璃窗飞去，我们有充分的理由认为玻璃会被砸碎，原因之一就是以前有过类似的经验。不恰当地借用一下休谟的例子，设想亚当和夏娃生活在伊甸园里，这是一座由砖头筑成，并带有玻璃窗的花园。在第一次发怒时，亚当偶然间把砖块砸向了关着的窗户，他没有想到可能的后果；但是砸碎过一次玻璃，下一次再把砖块扔向窗户时，他就会预测到将会发生同样的事情。这叫习惯，或者预期。

但是，正如之前分析的那样，按照这一逻辑，假如 C 导致了 E，那么，当 C 未发生时，E 一定不会发生，而这种因果关系是存在争议的。因此，反事实分析（counterfactual analysis），即设想过去可能发生但实际上并没有发生的事，就需要谨慎对待。

假设 C 类事件发生后，E 类事件总会发生；C 类事件没有发生时，E 类事件就不会发生；那么，人们就倾向于认为，C 是 E 的原因。休谟进而认为，心灵有把自身投映到外界世界的倾向：所谓的 C 导致了 E，其实不过是人们关于一件事紧随另一件事物出现的经验感受，人们却误以为这是原因与结果之间的客观关系，比如玻璃一定会被飞来的砖块砸碎，水被加热一定会沸腾。但实际上，休谟的理论根本无法成立，因为假如因果关系并不存在于外在世界，而只是人的经验总结；同时，没有外在世界，人又不能总结出因果关系；于是，这就有陷入循环论证的风险，甚至会毁掉整个论证。

人们对物理事物的理解包含了事物间的相互作用。玻璃之所以是玻璃，是因为当它被飞来的砖块砸到时，它就会碎。这是证明归纳推理有效的诡异手段之一。如果看见砖块飞向玻璃，我们就知道玻璃会碎，而如果没有碎的话，那它就不是玻璃。但这也说明了归纳推理的另一个问题：直到它碎掉，我们才能确认那就是玻璃。我们也无法通过检查它的分子结构去了解将来会发生什么，因为即便这样分子结构的东西以前碰到砖头会碎，我们也无法证明它下次碰到砖头一定会碎。

有人觉得，给归纳推理附加一些前提条件，将其转化为演绎推理，就能拯救它了：

前提 1：在不同的情境中，所有已知 F 都是 G；

前提 2：在不同的情境中，已观察到的结果和未观察到的结果相同；

结　论：所有 F 都是 G。

我们需要仔细审视这个论证，因为前提 2 表达的一致性容易引起争议。毕竟，白天鹅出现在欧洲各地，但后来还是发现了黑天鹅；我们以前每天都呼吸，但不代表我们以后还能每天都呼吸。不管如何为前提 2 辩护，它的真实性都存在疑问，它不是一个自明的真理。我们既不能用数学中的先验论证，也无法用不存在循环论证的经验命题去支持它。

当然，偏爱归纳推理的人在自然选择的过程中幸存下来了，而且活得还不错。因此，我们或许可以从进化论的角度来证明归纳推理的合理性，但这也只能证明归纳推理在过去成功了。还有一种“神秘主义”的证明方式，激进地把上帝与归纳推理联系在一起，但这引起的问题更多，比如上帝的本质，如何降下神谕，等等。

或许，我们只需要简单地接受归纳推理的习惯就好了，它不完美，也无法避免。这就是休谟的自然主义方法（naturalistic），当然，从某种程度上来说，这种方法失败了。

A BEGINNER'S GUIDE
PHILOSOPHY
思维拓展

乌龟对阿喀琉斯说了什么

阿喀琉斯的故事：刘易斯·卡罗尔（Lewis Carroll）是《爱丽丝漫游仙境》的作者，他写过一个有关古希腊跑步选手阿喀琉斯的故事，其中的演绎推理令人印象深刻。

阿喀琉斯向赢了他的那只乌龟炫耀逻辑的力量。来看下面这个肯定前件式推理。

前提 1：如果苏格拉底是人，那么苏格拉底会死；

前提 2：苏格拉底是人；

结　论：苏格拉底会死。

乌龟缩进壳里，不确定该不该接受这个结论。阿喀琉斯说："看，如果前两个前提为真，那么结论必然为真。"乌龟回答道："你这句话听上去是一个新的前提，你得把它也写下来，这样我才可能会接受你的论证。"所以阿喀琉斯加上了第三个前提：

前提 3：如果前提 1、前提 2 为真，那么结论必然为真。

A BEGINNER'S GUIDE
PHILOSOPHY
思维拓展

“乌龟先生啊，”阿喀琉斯得意扬扬地说，“你必须承认这个结论，否则就没有逻辑了。”但乌龟不为所动，还是持怀疑态度：“我还是不明白你是怎么得出结论的。”

“看，”阿喀琉斯不耐烦地回答道，“如果这些前提成立，就必然有这个结论。”乌龟听到后笑了起来，认为阿喀琉斯又说了一个需要写下来的条件，阿喀琉斯渐渐发现，如此下去，他将永远也写不完这些前提。

道理：假如我们试图为肯定前件式或任何基本的演绎推理辩护，都是没有尽头的。有时，我们会用规则来辩护，但又会陷入相似的情况，必须用其他的规则来为规则辩护。有效形式来源于有效推理的各种实例，不需要进一步的辩护。诚然，在进行比较长的演绎推理，比如数学计算时，我们无法多次重复，于是，我们就会求助于归纳推理。然而，归纳却不是有效的论证。

有效的演绎推理无法得到有效的辩护，但这并不说明人类逻辑或演绎推理中存在漏洞。我们必须拒绝怀疑主义者的“进一步辩护”的要求。解释和辩护必须有终点，不能没完没了。

证据与结论间必然存在逻辑断层

哲学里有一个丑闻，但这个丑闻却没有被八卦小报穷追不舍，康德曾如此说道。这个“丑闻”就是：我们没有证据，证明外在世界完全独立于人而存在；也没有证据，证明存在于时间与空间中的客体是完全独立于人的经验感受而存在的。回想一下身体与心灵问题中提到的邪恶的天才、经验机器和做梦。若要获得超越自身的知识，我们就需要跨越知识论中的断层，也就是证据与结论之间的那个断层。

我们来看一个怀疑主义的论证。其中，p 可以替换成一切命题，尤其是我们已经知道的命题。

前提 1：如果你知道 p，那你就知道自己不会搞错 p；

前提 2：你不知道自己不会搞错 p；

结　论：你不知道 p。

这个论证是有效的。那它的前提都为真吗？前提 2 看上去是真的，因为我们不知道自己是否在做梦，也不知道自己是否是被笛卡尔所说的邪恶的天才操控着。前提 1 遵循的是知识的“封闭原则”（closure principle）。简单地说，这个原则就是指，如果你知道 p，而 p 蕴含 q，那你就知道 q。现在的情况是，你知道 p，你觉得自己理所应当不会搞错 p。但是，就像前面提到的那样，知道 p 并不能保证不会搞错 p。怀疑主义者会强调，你无法跨越逻辑断层，证明你不会搞错，事实上，你也确实无法跨越。

一旦我们仔细审视这个逻辑断层，这个证据与结论之间的断层，我们就会发现，这其实是一种幻觉。因此我们只有证据，而证据的另一端什么都没有。这个断层是纯粹的虚无。我所经历的一切都是我自己的经验感受，可我如何知道自己的经验之外还有什么呢，假如确实还有什么的话？

这个结论比原先的问题更让人倾向于怀疑主义。或许，我完全无法理解经验感受之外的事物；更准确地说，无法理解超出我的经验感受之外的事物；更准确一点，无法理解超出我的当下的经验感受之外的事物。按照这个逻辑说下去，我们将滑向唯我论（solipsism）的深渊，认为只有我存在，或者说，只有我和我的经验感受存在。这个世界取决于我，或者我看世界的角度，而我被扩展到要容纳整个世界。

物理实体，比如快餐、羽毛、西瓜、手推车等，有时会被理解为依赖心灵而存在的实体，比如把它理解为颜色、形状等性质的集合体，这个观点是贝克莱提出的。他有一个违反人们普遍直觉的观点，即如果人们没有相关的经验感受，事物就不存在了。而为了论证这个观点，贝克莱搬出了上帝，并认为观念[①]的复合体依靠上帝而存在。并且，托上帝的福，我们有理由相信还有其他的灵魂或心灵。贝克莱有一句名言叫“存在就是被感知”，不过，这里还要加上经常被忘记的后半句——“或

① 在贝克莱的理论中，观念就是指各种事物。——编者注

者去感知”。也就是说，要确定某人、某物存在，要么依靠感知对象，要么依靠成为当下正在被感知的对象。

符合贝克莱精神，但与之有细微差别的是现象主义（phenomenalism）。现象主义认为，人们通过人类的主观经验把握物理客体，而这种主观经验包括人的现实体验和反事实；或者说，物理客体要依赖人们对环境或现象的感知。现象主义面临着很多问题，除了很难解释人们如何感知环境外，它还把感知的主体（我）困在观念之内，因而没有提供足够的理由证明他人存在。所以，哲学中的这个“丑闻”仍然没有解决。

乔治·爱德华·摩尔对康德所谓的“丑闻”提出了一个常识性的反驳。这个反驳出自1939年他在英国科学院所做的一个演讲，名为《外部世界的证明》。这个演讲中有技艺高超的论证吗？并没有。摩尔当时所说和所做就是这些：

> 我现在就能证明，比如，人类的两只手是存在的。怎么证明呢？举起两只手，用右手做个特定的动作，说“这是一只”，然后用左手做个特定的动作，说“这是另一只”。

用这种方法，摩尔声称自己证明了外界事物的存在。摩尔坚信，他的证明包含着一个论证，因为其中有不同的前提和结论，结论由前提得出，并且摩尔知道前提为真。人们通常认为，摩尔的证明不在点上，并且忽略了逻辑断层。摩尔说他看到了一只手，但这或许只是他的错觉；所以，他并不知道那里到底有没有一只手。

虽然摩尔的方法存在问题，但也不应该被轻易抛弃。首先，他把常识和怀疑主义之间的冲突拉回到最基本的日常生活中。你真的不知道自己有肉体吗？真的不知道自己生活在一个有花草树木、风霜雨雪的世界中吗？常识与怀疑主义之间的冲突太令人震惊了。环顾四周，如果说要把这一切都解释为自己的感觉，难道你真的能贯彻执行吗？其次，比起外部世界存在、有真正的回忆、归纳推理正当合理等观点，你真的觉得怀疑主义的论证更加高明吗？比起知道自己有身体、活在地球上、喝香槟会醉，难道你真的觉得之前提到的知识封闭原则更加可信吗？

内部怀疑论与外部怀疑论

有人区分了怀疑论的内部怀疑论和外部怀疑论。其中，内部怀疑论是指，承认物理客体的客观存在，在这个基础上，再去评价是否有足够的理由支持自己的观点。一个喝威士忌喝多了的人，在数自己有几根手指的时候是不靠谱的；相反，在这个方面，一个清醒的哲学家或许更值得信任。摩尔的观点与行为提醒我们客观事实的存在，但也提醒我们谬误的存在。比如有一次，摩尔在一个不熟悉的剧场做讲座，他抬头看了看，说他知道上面有个天窗。但后来他被告知，那个“天窗”只是被画在天花板的。“该怎么回应这个问题？”摩尔在笔记本上担忧地写道。

外部怀疑论是指，疑惑人们为何要承认物理客体的客观存在，为何要承认许多客观事物、过去、理性推理的存在。不过，这个问题究竟是清醒的哲学家提出的，还是喝晕的哲学家提出的，我们就不得而知了。

对此，常见的回答是引用自然主义的观点。然而，自然主义没有提供理由，它似乎非常无奈地放弃了寻找理由，并且认为不需要理由：人的生物本性不仅决定了人们必须呼吸，还决定了人们必须运用理性。这就没什么好说的了。

运用理性需要反思。极端怀疑主义者坚称，假如客观事实真的存在，我们认为的好的论证与事实之间仍然存在断层。普罗泰戈拉说“人是万物的尺度”，即所有的真理都是相对于个体而言的。判定 p 为真，实际上是说，对你而言 p 为真，或者说你相信 p 为真，这只是关于你的观念的客观真理。如上所述，普罗泰戈拉认为客观真理压根就不存在，而这个观点同样也对道德真理的客观性构成了挑战。

设想，我们和普罗泰戈拉在一起讨论他的观点。如果我们相信客观真理，比如我们正在讨论的观点是存在的，那我们就要讨论“普罗泰戈拉的相对主义”本身是否就是相对的。事实上，这个问题质疑了极端怀疑主义的融贯性。这么说的原因如下。

关于论证，有一个很常见的术语，叫作肯定前件式（Modus Ponens），它指的是这样一种形式：如果 p 蕴含 q；p 为真；那么 q 为真。举个例子，如果伊芙琳参加派对，那所有人都会很开心；伊芙琳参加了派对；所有人都很开心。如果有人质疑这个论证的有效性，那他一定是个疯子。虽然笛卡尔在他的怀疑论中举过发疯的例子，但他很快就将其舍弃了，因为要评价怀疑主义，就必须借助理性的力量。

所以，假如怀疑主义者否定所有的真理与理性，否定所有的客观事实，那么他们的立场就是自相矛盾的，因为他们只能通过理性来证明没有理性。若要表达怀疑主义的观点，我们必须依靠语言，捕捉概念，并运用理性推理。对于最纯粹的怀疑主义者来说，如果否定了所有客观真理和理性，那他们就只能叽叽喳喳，发出毫无意义的音节，而我们也无法知道他们叽叽喳喳的理由是什么。当然，这并不是说我们不能怀疑理性、反思理性；更不是说理性不会犯错，因为即便是最可靠的推理方式，比如肯定前件式的逻辑推理，也只有谨慎处理，才能提防谬误。

要游泳，就需要水；要推理，就需要逻辑。同样，我们需要接受归纳推理，接受独立于心灵的客观世界。摩尔相信，很多基本经验事实都是客观存在的，比如地球已经存在了许多许多年，人类已经繁衍了许多代，许多物理实体不依赖于人类而客观存在。但是，如果，仅仅是如果，我们不能质疑这些命题，那就正如维特根斯坦等人所说的，我们其实根本没有关于这些命题的知识。与其说这些命题是知识的基石，不如说它们是知识的框架；只有处于这种框架之中，我们才有可能掌握知识或提出疑问。

就拿“许多物理实体不依赖于人类而客观存在”这个命题来说。我们相信这个命题，并不是因为它是最好的答案，更不是因为它简单明了。其实，它一点也不简单。想想科学家为了研究肉眼无法看见的亚原子实体都做了什么：这些微小的实体真的存在吗，或者我们不如就接受“工具主义”的观点，把它们仅仅视为理解世界的一种工具或理论结构？再想想科学家为了证明洛克所说的第二属性（比如颜色）存在于世界之外都做了什么：这些属性类似于我们的经验，它们虽不在物理世界之中，却要凭借物理对象才能被我们感知。因此，如果要继续进行科学研究，继续提出问题，我们就需要这样的知识框架。

对于知识框架，我们也必须谨慎。在摩尔和维特根斯坦的时代，人们认为人类无法登上月球，这是他们知识框架的一部分。而现在，如果还有人这么说，那就只会招来嗤笑。我们必须保持开放的心态，接受某些基本命题在未来会被修正的可能。维特根斯坦有个河床的比喻恰好可以说明这个问题。他认为，一个河床由两部分组成，分别是无法改变的、坚固的岩石，将被流水冲走的、可以被替换的泥沙。

设想，笛卡尔所说的邪恶的天才已经骗过了所有人。可若是如此，我们能意识到自己处于骗局之中吗？可以说，我们做不到。这个邪恶的天才的诡计十分精妙，我们会以为世界是在正常运转的。假设整个世界都由糖浆做成，这个邪恶的天才却骗我们电视、树木、洋葱和洗碗机等都是由各种不同的材质制成的。我们不觉得有什么东西是用糖浆做的，当然，糖浆除外。假如我们没有任何证据证明世界由糖浆构成，没有任何办法检测它，没有任何理由证明它，我们肯定会怀疑、不相信“世界由糖浆构成”。就当这个邪恶的天才太聪明了吧，我们实在没有办法，只能被他骗，相信世界由不同材质的东西构成。

正如这个设想所说的，有些命题既不能被证实也不能被证伪，它们就像河床中牢固的岩石。凭借它们，我们才能理解世界，甚至才能提出邪恶天才式的怀疑论。我们必须接受这样的命题，比如在我之外还存在其他实体，事实和表象之间存在差异，我能理解词汇的含义，等等。即便接受了这些命题，仍然还有很大的空间供我们去怀疑、去寻找错误、去修正。

这样的命题，或者这种知识框架，是我们理解世界的必要条件；正是因为它们的存在，我们才能理解人们提出的质疑与问题。或许，有人会追问，“牢固如岩石般的”命题是否为真？但这个问题就像我们追问棋盘是否是一招好棋一样愚蠢。我们只能评价棋盘内走的每一步是否是一招好棋，但不能评价棋盘本身。评价棋盘本身毫无意义。但是，质疑物理客体是否存在、质疑外部世界是否存在的问题仍然具有强大的吸引力，而且，这种追问显然是很有意义的。

因为，表象总是会蒙蔽我们的双眼。

所有知识都建立在概念之上

抬头看看天空中的星星吧。“这是仙后座，那是猎户座。看那边，那是北斗七星。”但星星在人类之前就存在了吧？

每个星座都构成了一个图案，它们与现实物体的相似性令人着迷。但当对天空进行划分时，我们会发现，完全可以用不同的方式组合星星。一旦想到这一点，思绪就无法停止。这个世界并不是就像我们以为的那样展现在我们面前，例如鹅卵石和湖泊，高山和雨季，星辰和大海。这些东西都依赖于概念，而概念由人的本性决定，由人的生物本性以及需求与欲求决定。康德认为，“物质自身”，也就是他所说的“物自体”（noumena）是无法被人理解的。我们甚至不知道，人能把握的世界之外的东西到底是只有一个，还是多种多样的。请注意，一旦走出概念的世界，我们就会失去一切观念。

这里想要揭示的问题是，人类世界与外在世界的分离或对立。如果这是对的，我们就要重新界定人类的概念。除此之外，自我和他人的分离与对立也导致了许多问题。浓厚且黑暗的形而上学迷雾笼罩着我们，而想要看到光明，似乎就必须放弃“我 vs 世界”的诱惑。我们来大致了解一下这个“光明”是什么样子。

我们所掌握的概念并非先天赋予的，而是与他人共享的。进一步说，如果坐在原地不动，仅仅用嘴抱怨这个世界，那我们就无法得到这些概念；只有积极主动地与世界打交道，才能拥有这些概念，当然，坐在原地不动也可以说是与世界打交道。我们要呼吸，摄入营养，排泄；要行走、感悟、制造、破坏，改造世界，同时改变自己；要经历爱恨别离。没有这些，就没有产生概念的根基，就没有概念，甚至没有数学一类的抽象概念。

在这里，值得一提的是维特根斯坦的著名观点，即否定私人语言的可能性。在哲学家眼里，私人语言指的是强调只有我能理解我所使用的词语的意义。想象一下，那些只有你自己能够感受到的痛苦，比如阵痛、刺痛等，以及你内心深处的、私密的想法。按照私人语言的逻辑，没人能体会你的痛苦是什么样，甚至没人知道你说“痛苦”时到底想表达什么，而这是多么荒谬啊。若要避免这种匪夷所思的事情，我们就只能使用公共语言，因此人们对“疼痛”“阵痛”“刺痛”都有着共通的理解。看到伤员疼得叫唤，我们就可以直接跑去帮助他们，而不用再猜想他们发出的声音到底什么意思。再回忆一下我们学习词汇的过程，当我们“痛苦”“幻想”“痒痒”“刺痛”的时候，父母、老师或朋友肯定都向我们说明过，什么词汇是用来表达这些感受的。

通过上面的介绍，很多人可能觉得语言及其意义非常令人困惑，当然，有人很在意这些困惑，有人则觉得毫无意义。我稍微讲一讲这个话题，其余留待读者自己探索。美国逻辑学家索尔·克里普克（Saul Kripke）强调了这个问题，而且，这个有怪癖的哲学家还声称维特根斯坦早就在书中指出了这一点。同样，他提出的怀疑主义论证也要依赖一个断层。通常人们认为，当人使用一个词语的时候，他知道用该词语所表达的含义。可是，人们为何用该词语表达这种含义，而不是另一种含义呢？有什么能够保证，今后在使用该词语时，依然要表达这种含义？持有这种意义怀疑论观点的人认为，没有答案能回答这些问题。

设想人们在教孩子学习偶数，比如 2、4、6、8……假设孩子已经数到了 100，人们可能会觉得，他肯定已经找到“加 2”的规律了。但他真的知道吗？如果人们说“以相同的方式继续数下去”，他可能就开始乱数了。或许他会重新再来一遍“2、4、6、8……”，或许他开始数“101、103、105”，或许他开始数“56、98、202”。也就是说，他理解的“以相同的方式继续数下去”，和我们理解的完全不一样[①]。

我们可以一直往下数，数千千万万个偶数，但小孩继续往下数的时候却会按照他自己的理解来，因为我们和小孩的理解不同。证据无法说明它背后的意义。怀疑主义者还可以继续追问：我们所说的“以相同方式继续”是什么意思，什么能够保证我们始终在相同意义上使用“以相同方式继续”？假如明天我们要“以相同的方式继续”生活，那明天到底该干吗？

与之相关的另一个问题是纳尔逊·古德曼（Nelson Goodman）所说的“新归纳之谜”。根据现有的证据，我们相信将来看到的翡翠都是绿色的，即保持着“相同的”颜色。假设，在将来某天，比如 2019 年 12 月 31 日之后，我们发现的翡翠都是蓝色的。对我们来说，翡翠的颜色变了；但对另一些人来说，他们认为翡翠还保持着相同的颜色，因为他们之前理解的相同颜色是“绿蓝色”。所以说，对我们来说，2019 年 12 月 31 日之前的翡翠是绿色的，之后是蓝色的；而对他们来说，不管之前还是之后，翡翠都是绿蓝色的，他们以前观察到的是如此，也相信以后的都是如此。

总的来说，问题在于，我们怎么能确定，他人说的甚至我们自己说的“以相同方式继续”到底是什么意思。我们以前使用该术语的方式，

① 假若我们看到一个数列“1、2、3、4、5、6”，我们容易得出下一个数字是“7”。但这个数列的下一个数字有多种可能性。比如，这个数列的发展规律可能是：前面 5 个数字递加 1，此后的数字都递加 10，那下一个数字就是 16。面对任何数列，我们推理到的下一个数字，以及我们总结的规律，都有可能是错的。——译者注

未必和之后使用该术语的方式保持一致，也就是说，词汇过去的用法与今后的用法之间存在断层。维特根斯坦指出，我们都以为有一条规则限制着我们如何使用术语，保证我们今后以同样的方式使用它，保证我们的用法统一、明确，但其实并没有这样的规则。

事实上，哲学家面临的问题比我们能想出来的都要多。因为他们不满足于直观感受，而要追问其背后的含义，比如，“保持相同”是什么意思，“等等”是什么意思，或者我们所使用的省略号“……”是什么意思。

但是，如果连“……”的意义都追问的话，那无疑就是错误的。我们要懂得在什么时候画上句号。解释必须有尽头，而下面我们就来讨论这样的尽头。

要点总结 PHILOSOPHY

1. **内部怀疑论**：承认物理客体的存在，在这个基础上，再去评价自己是否有足够的理由支持自己的观点。
2. **外部怀疑论**：不承认物理客体的客观存在，不承认许多客观事物、过去、理性推理等的存在。
3. **概念**：一旦走出概念的世界，我们就会失去一切观念。
4. **否定私人语言**：维特根斯坦的著名观点。所谓私人语言，即强调只有自己能理解自己所使用的词语的意义。
5. **新归纳之谜**：由纳尔逊·古德曼提出，认为对于同一个词语，我们永远都无法确定彼此的理解是一样的。

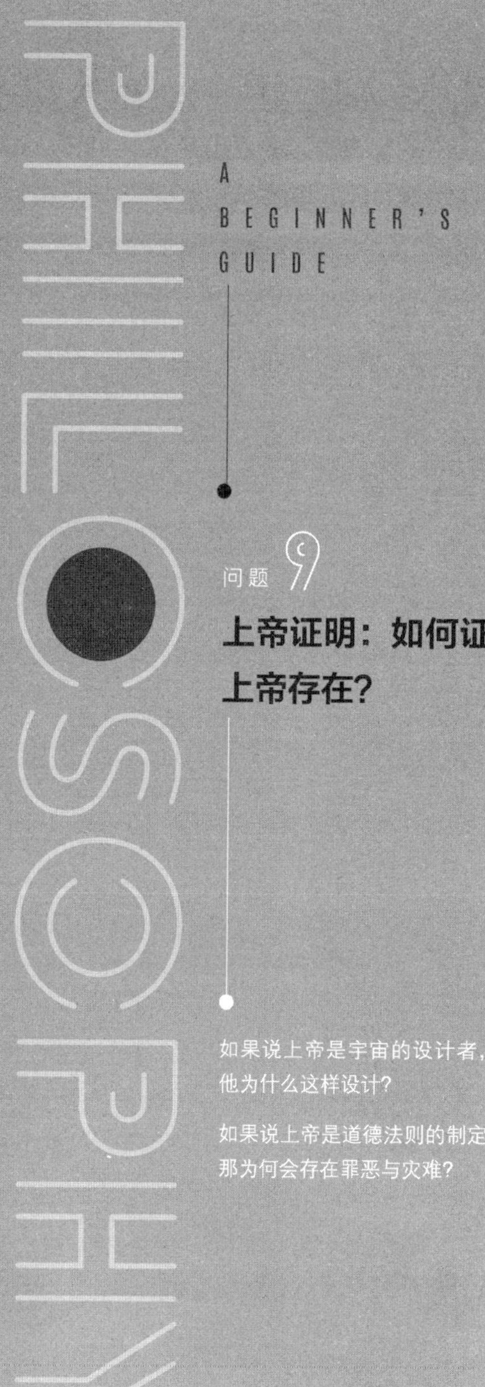

A BEGINNER'S GUIDE

问题 9

上帝证明：如何证明上帝存在？

如果说上帝是宇宙的设计者，那他为什么这样设计？

如果说上帝是道德法则的制定者，那为何会存在罪恶与灾难？

魔术师从原本空无一物的帽子里抓出了一只兔子，你会思考这只兔子到底是从哪里冒出来的，毕竟它不可能凭空出现。魔术师将装着女郎的柜子拦腰锯断，不一会儿女郎又奇迹般地出现，而且完好无损。你不相信奇迹，坚信这肯定是魔术师用了某种技术。虽然我们不懂这究竟是什么原理，但我们都相信，这些魔术把戏背后一定有一个合理的解释。但提到宇宙，困惑就出现了，至少对很多人而言是这样。有人坚信，宇宙就是这么突然出现的，没有帽子也没有魔术师，完全是无中生有、凭空出现的。而另一些人则觉得，宇宙不可能从虚空中突然冒出来，完全不可能。

于是，我们就碰到了最经典的形而上学难题：宇宙是由其他东西创造的吗？如果是，那到底是什么呢？这个问题还会让我们联想到一些宇宙诞生理论，比如大爆炸理论、平行宇宙理论等。

在我们的理解中，宇宙、世界似乎应该包含一切存在物，也包含上帝，当然，如果上帝存在的话。那么，就让我们先设想一个包含了一切却不包含上帝的宇宙，来看看这样会不会导致一些矛盾，并以此证明上帝是否存在。

在信徒眼中，上帝不仅仅是宇宙的创造者，还有许多其他伟大的功绩。而且，许多信徒之所以坚信上帝存在，并非以现实世界的种种证据为理由，而是源于他们的信仰。在本章中，我们主要探讨上帝这个作为超越性的存在者而存在的哲学论证，当然，绝大部分信徒通常都不理会这个问题。

犹太教、基督教、伊斯兰教是一神论的宗教，这些宗教中的神不仅独一无二，而且是知晓万物、无所不能、绝对善良的。这些特质还有另外一个广为人知的说法，即以“全”开头的那些词——全知、全能、全善。按照某些经文的说法，上帝还有一些其他特点，比如“无所不在”。为了避免在用词上引起争议，我们依照传统用法，用“他”来指称上帝。

顺便提一句，有的宗教很少提到上帝这一类的神。有些一神论宗教的信徒甚至认为，人们应谨慎地谈论和上帝有关的事情，或许就不应该谈论这个超验的存在者，而只需要表现出虔诚的态度，并且尊重人类和整个世界，把它们看作上帝的恩赐。

通常来说，若要证明某物存在，需要求助于经验，进行经验调查。

于是，就有了上帝存在的后天证明，这个证明仅仅需要一些人们通过经验观察得到的事实。后面，我们会再看一个关键的先天证明，该证明只依赖于理性。

宇宙具有两个最有说服力的事实：一是它存在着，二是它有秩序。就宇宙存在而言，它涉及上帝存在的宇宙论证明（Cosmological Argument）。虽然由于对世界偶然性的理解不同，宇宙论证明有时会以不同的形式出现，但它主要是说，这个世界发生的一切，都要有一个最初的原因或推动者。就宇宙秩序而言，它涉及多个上帝存在的设计论证明（design arguments）。其中，有一种道德证明，基于人类生活中存在道德的特点，试图证明上帝是作为神圣立法者而存在的。这是我们刚才提到的上帝存在的后天证明中的重要一种。此外，我们还需要牢记每个论证的立场，比如，即便证明了上帝是神圣的立法者，也没有证明上帝创造了人。

设计论证明：上帝是宇宙的设计者

经典的设计论证明主要基于以下令人惊叹的事实：人类身体的各个器官能够完美、和谐地发挥着各自的功能，而且至少能维持几十年；环境和不同物种之间互相依存；宇宙井然有序，甚至有时美丽非凡。当然，现如今，我们认为这些事实并不能证明上帝存在。比如，进化论已经解释了眼、耳、口、鼻的发展过程，也解释了物种与环境之间如何相互作用。此外，当目睹过地震、海啸、癌症夺去数百万人的性命，或者面对量子力学的不确定性理论时，我们就会开始怀疑宇宙是否真的那么有序或美丽。

无论思考的最终结果是什么，我们都生存在这样一个有着一定秩序的宇宙里，它让人敬畏，又使人沉迷。所有这些都需要得到一个解释，对此，人们通常是这样说的：科学告诉我们万物如何成为现在的样子，却没有回答它们为何要成为现在的样子。有人对这种表述感到奇怪，觉得科学是在回答“为何”的问题啊，比如苹果为何会落下，地球为何这样运转。但是，这些解释都不是从目的论（teleology）的层面上回答的，也就是说，科学并没有解释苹果和地球是否有自己的目标或目的。而我们却始终都在目的论的层面上解释人类的行为，比如为什么她在跑，因为她想赶到邮局。但也有人认为，目的论解释可以还原为因果解释，比如想要寄信是跑步的原因，大脑特定的神经状态是想要寄信的原因。

威廉·佩利（William Paley）是 18 世纪一位牧师兼哲学家，达尔文也曾读过他的作品，在他的书中有一个著名的类比：假如在荒野上偶然捡到一块手表，由于钟表的精准运行，人们会认为它是被设计出来的，毕竟这种高精度的功能不可能是偶然出现的。佩利说，我们可能想过手表是自我繁殖出来的，但更倾向于认为这个精密的仪器有一位设计者。

与之类似，各种人造物、令人叹为观止的宇宙运动、生命的出现与进化，全都强烈地表明宇宙也是被设计出来的。因此，它也是有设计者的。这就是说，如果宇宙需要一个目的论解释，那通常最终会诉诸超自然的存在。而最常见的设想是，这个神圣的设计者，同时也是宇宙的创造者。

就这个论证而言，它的有效性取决于这个类比是一个强类比还是一个弱类比[①]。但我斗胆说无论如何，这个类比都需要一点微调。一方面，如果这是一个强类比，那这个论证一定会面临大卫·休谟的嘲讽，休谟指出，许多人造物都是由人们共同制造的或是学徒的作品，它的设计在制造过程中还要经过不断的更改与调整。或许，这个宇宙只是一个早期的拙劣作品，由婴儿期的神制造。的确，我们并不知道神的目的是什么，因此也不知道这个宇宙是不是符合一定的设计。另一方面，如果这只是一个弱类比，那么这个论证的说服力也在很大程度上被削弱了。

关于上帝存在的问题，还有一个智慧设计者论证（intelligent design），主要是指，生命太过复杂，所以其背后一定有一个智慧的设计者。不过，进化论也能解释这种复杂性，当然，进化论者不太关心这个问题。

还有一种更宽泛的智慧设计者论证，叫作宇宙微调论（fine tuning），即如果不是某些关键的物理常数（physical constants）发生了一丁点细小、微妙的变化，生命就不可能诞生；而这种微调就说明其背后有一个智慧的设计者存在。

---

① 简单地说，强类比是指两者非常相似，并且几乎没有什么差异；弱类比是指两者虽然表现出很大的相似性，但在其他地方仍有很大差异。——译者注

现如今，虽然生命的本质及其意义都还没有弄清，但假如一切都事出偶然，我们难免会为意识、理性和欲望的存在而感到惊奇。然而，如果生命，也就是所有有意识的、有理性的生物，真的那么有价值，并且证明了智慧设计者的存在；那么，宇宙周围为何只有这么少的生命，这真的非常令人好奇。或许，我们不应该怀疑神的力量，少就是多，即生命越少，价值越多，神可能正是考虑到了这一点。

智慧设计者的理论或许显得神过于自负了，因为他要坚信自己知道有意识生命产生的所有必要条件，甚至忽视了意识的价值。注意，有些科学家也非常自信，认为意识只能产生于碳基生命。接下来我们逐步进行分析。

假设一条会哲学思考的鱼正在池塘中游泳，它立马就能意识到池塘是游泳的充分条件，但不是必要条件，因为它还可以在河流、湖泊中游泳。对于它的生存而言，所需的必要条件不过是一定量、一定质的水，不论是池塘、河流还是湖泊的水都可以。这就自然而然地引出了“人择原理”（anthropic principle），即任何观察到的、发现的自然规律，都要和观察者协调一致。但无论这些自然规律是什么，人择原理都没有说明它们为什么会存在，也没有解释哪些自然规律是人类生存的必要条件。

这么看来，宇宙原本有可能变成无数个不同的样子，甚至人类也有可能进化成无数种不同的样子；当然，也有无数种可能性是人类生命中压根就没有出现的。因此，假如现在的一切皆纯属偶然，那么，我们的确要感叹生命的存在，感叹我们生活在这样的宇宙之中。继续思考下去。

假如随机洗牌之后，扑克牌还是按照数字依次排列，这会让人非常震惊，因为这是几乎不可能出现的情况。但是，我们之所以震惊，实际上是因为我们知道原先的排列次序。而每次随机洗牌后，想要扑克牌的次序保持不变，那几乎是不可能的。有人坚称，我们现在生活的宇宙出现了生命，这已足够令人惊奇的了。因为即便按照强的人择原理，宇宙是为有意识的生物而设计的，但也只有在特定的宇宙条件下，生命才能出现。

设想一下任何可能存在的其他宇宙，想象那个宇宙里面都有什么东西。假设有一个宇宙里只有鹅卵石、变形虫，以及不知道是什么的东西，或者只有混沌，或者只有同质物——这同样太奇妙了，居然能出现这样的宇宙。但是，这样的宇宙能够表明它们是被设计出来的吗？这种构想并不符合宇宙微调理论，因为该理论认为，设计出来的宇宙要能够诞生出生命。该理论的支持者会认为上述宇宙的设计者太差劲了，这些设计者要么是受波洛克（Pollock）影响才制造了只有混乱的宇宙，要么是受卡西米尔·马列维奇（Kazimir Malevich）影响才制造了只有同质物的宇宙。

假如这个宇宙不是由神按照某种目的而设计的，那它就是完全随机生成的。然而，“可能性”经常被用于描述事件发生的频率，比如描述把骰子扔到空中之后，写有数字 6 的那个面出现的频率；但是，宇宙的存在是一次性的，因而也就没有频率，所以，我们也就无法讨论一次性事件出现的可能性。对此，有人说宇宙出现的可能性是指，神圣设计者能够创造出的世界有无数种可能性，他有多大的可能从中选择了现在的世界。但假若如此，我们就不能通过否定现存世界，进而否定世界背后的神圣设计者了。因为只有预设了神圣设计者，我们才能理解可能性的含义。

宇宙论证明：上帝是宇宙根本的原因

不管如何看待上帝存在的设计论证明，我们都相信不存在没有理由的事情。在琐碎的日常生活中，我们遇见的所有事情都是有原因的。更准确地说，我们认为万事皆有因，但宇宙似乎就这么偶然地出现了。有些人认为，万事皆有因，但因果不能无限倒推，必然存在第一因，那就是上帝的行为。这似乎与万事皆有因存在矛盾，因为这个第一因并没有原因。如果万事皆有因，那上帝的行为也应该有原因，并且继续推下去也应该成立。

从“万事皆有因”的定义上来看，每个结果都存在原因，但我们并不能说每个“事件”都是一个结果，因为巧合也是事件，但巧合本身并没有原因。假设所有参加音乐会的人都穿着紫色的袜子，这是一个多么巧的巧合啊！或许，这完全不是巧合，因为这是紫袜子小组成员的周年聚会；又或许，这些人互不相识，碰巧当天都选了紫色的袜子，这一切只是个单纯的巧合。

A BEGINNER'S GUIDE
PHILOSOPHY
思维拓展

打字的猴子与上帝

上帝总被认为是无限、全知、全能、全善。但是，无限可不是个简单的概念。

猴子和打字机

一些宇宙学者和数学家认为，只要有无限的时间和空间，那么能够发生的事情就都将会发生，事实上，是必定会发生。这种看法可以用猴子和打字机定理来说明：如果有无限的时间，那么，一只会打字的猴子，必定会打出一整套的《莎士比亚全集》。可是，如果无限被理解为它的通常含义“无穷”，那就有逻辑错误。因为逻辑上存在猴子永远在打字、打了无穷的字的可能，但还是没打出《莎士比亚全集》的可能性。无论有多长时间，逻辑上都存在着你选的所有彩票号码全没有中奖的可能性。注意，逻辑上的可能性只要求没有矛盾。

还有一个相关的例子：偶数序列，即 2、4、6、8……是无限的，没有终点，但无限不代表它能够包含所有的数字。这个无限、无穷的数列肯定不包含奇数。

那么，问题就是，上帝的知识是无限的，但这个无限是否能包含所有知识呢?

多重宇宙

宇宙能够诞生生命，这让人们感到震惊，人们不愿相信这纯属偶然，所以有时就会寻找除了神之外的理由。有些宇宙学者认为，我们所处的宇宙是无数个宇宙中的一个，无数个宇宙同时存在。对物理学界来说，单一宇宙并不意味着所有。多重宇宙中的每个宇宙在内容和物理规则上都不一样。如果我们接受多重宇宙的存在，那其中有一个能诞生生命就不值得震惊了。

无神论者用多重宇宙概念来反对神圣目的论，因为这个理论至少使用了物理学的概念，即不同的结果是由相似但不同方向的力作用产生的，而没有使用神秘神学的概念。但是，即使存在无限个宇宙，也不能解释为什么会有现在这个经过微调的宇宙。就算所有可能的宇宙都同时存在，也无法解释这一个宇宙的存在。

上帝存在的宇宙论证明通常比上述思想要更复杂精妙。其中一个例子就是阿拉伯（Arabic）的卡拉姆论证（Kalam），它提出了一个自明的真理：凡是有起点的事物都有其存在的原因。这个理论得到了那些认为宇宙出现于 140 亿年前的大爆炸的宇宙论学者的支持。当前，各种宇宙理论混杂交错，但很显然，我们不能否定在宇宙大爆炸之前还存在更早的事件。许多人都愿意相信，所有事情都有一个更早发生的原因，而且可以无限倒退，没有尽头。

假设我们能理解宇宙的起点，那我们一定要认为是神导致了宇宙出现吗？好吧，按照通常的理解，"导致"是一个时间概念，但我们并不知道上帝创造宇宙是否也包括创造时间。事实上，没有什么能解释时间的产生，至少不能解释时间的起点，因为"时间的起点"是一个荒谬的概念。

最后，我们想到的是"源自偶然性的论证"（Argument from Contingency），主要是由莱布尼茨提出。他认为，我们周围发生的事件都是偶然的，也就是说，它们也可能不会发生。你的诞生是你父母导致的偶然事件，你父母的诞生是他们的父母导致的偶然事件，以此类推，我们可以一直追溯到最早的生命形式。就像未来的时间没有终点，这些偶然事件的倒推也没有尽头。

尽管莱布尼茨接受了这种偶然性的无限倒退，但他仍然是一个坚定的理性主义者，他相信万事一定有其出现的原因或理由。这就是他的充足理由律（Principle of Sufficient Reason），这也被看作唯理论的巅峰。宇宙可能不存在，也有可能以不同于现在的形式存在。莱布尼茨认为，尽管当下宇宙的存在只是偶然的，尽管它有无数的原因可以倒推、追溯，但一定要有某个东西作为根基，进而解释万物的存在，并且它自身不是偶然的。莱布尼茨认为，这个东西就是上帝，一个必然的存在，他的存在不依靠任何他物，而仅由他的本质决定。

反对莱布尼茨的人觉得，一个必然性的存在似乎并不是偶然事件的充足理由。作为偶然存在的宇宙可能是另一个样子，而上帝这样一个必然性的存在，就要和不同的宇宙共存。因此，上帝的必然性不足以解释现存的宇宙为何如此。于是，充足的解释必须包括一些神定的性质，比如上帝的“自由”决定，但按照充足理由律的要求，我们还要为这些神定的自由决定寻找充足的理由，一切就又变得没完没了。

也许我们应该接受这样的观点：宇宙是个纯粹的偶然性事件，其存在不需要理由；或者，宇宙必须如此存在，比如为了满足神圣存在者的要求。“宇宙必须如此存在”会让人想到一个重要的先天论证，即上帝存在的本体论证明（Ontological Argument，源自希腊语“*ont*”，意为“being”[①]），该论证主要证明了上帝必然存在。人们常常把这个论证与11世纪的圣安瑟伦（St Anselm）联系在一起，之后，笛卡尔、斯宾诺莎、莱布尼茨等也曾用过这个论证，有些当代哲学家也支持这个观点。不过，实际上早在古希腊时期，就已经有了该论证的雏形。

① 作为哲学术语的“being”是一个至关重要的概念，中文译法主要有“是”“是者”“存在”，至今仍有争议。——译者注

本体论证明：上帝必然存在

伯特兰·罗素也曾为本体论论证着迷过。有一次在路过剑桥三一巷时，他突然觉得本体论证明十分可靠，还激动地扔了手中的烟草袋。当然，几天之后他就发现了这个论证中的错误，重新做回了无神论者。

虽然人们能够在头脑中设想某个物体，但这并不能说明该物体就在现实中存在。人们有关于圣诞老人、独角兽、美人鱼的概念，知道他们是什么，但也仅仅是在概念层面知道而已，并不代表他们都存在。人们知道尼斯湖水怪，但想知道它究竟是否存在还需要经验研究，只靠哲学家坐在扶手椅上思考是没用的。本体论证明坚称，上帝和上述情况不同，因为仅凭借理性推理就可以知道上帝确实存在。

下面就是论证过程。不过，顺便提一下，愚者，也就是无神论者，他们知道“上帝”的意思，即知道“上帝”是指人们能够想到的最伟大的存在者，但仍然不相信上帝的存在。

> 甚至愚者也承认，“不能想象比之更伟大的东西”至少存在于他的理解之中；因为，当他听见这个东西时，他能理解他所听到的，并且所有能够被理解的东西都存在于理解之中。然而很显然，一个不能想象比之更伟大的东西不能仅存在于理解之中。因为，如果它只存在于理解之中，那它就可以被想成也存在于现实之中，而存在于现实中的它就更加伟大。因此，如果一个不能想象比之更伟大的东西只存在于理解之中，那么它就可能同时成为比自己更

> 伟大的东西，而这显然是不可能的。所以，最伟大的存在者必然同时存在于理解与现实之中。

安瑟伦认为，从无神论的前提，即最伟大的东西只存在于理解之中而不存在于现实之中，也就是上帝不存在的角度出发，推出的结论是，存在一个比“不能想象比之更伟大的东西”更伟大的东西，而由于这个结论是自相矛盾的，所以原有的前提就是假的。这种得出谬误的推理方法就叫作“归谬法”（*reductio ad absurdum*）。因此，安瑟伦进一步得出结论：假如其他前提为真并且论证有效，那么无神论的前提必然为假，所以，不能想象比之更伟大的东西存在，并且必然存在。

你可能会问，为什么现实中的存在者要比仅仅存在于理解中的存在者更伟大呢？别忘了，人确实有这种本能的看法，比如认为存在银行里的一百万元钱比想象中的一百万元钱更有意义。

上帝就是人能想到的最伟大的存在者，所以为了简洁起见，在下文中直接用“上帝”一词代替这个很长的描述，我们来看这个证明中的下一步：

> 如果上帝只存在于理解中，那我们就可以想到一个更伟大的存在者存在于现实之中，被称作上帝。

然而，愚者可能会做出反驳，认为上帝并非真正在理解之中存在，而只是人们能够理解上帝的概念；所以，假如上帝真的客观存在，人们理解的就是这个客观存在者。但人们能够理解上帝的概念，并不说明上帝存在，就像人们理解香槟的概念，并不说明香槟存在一样。人们还拥有独角兽和宙斯的概念，但只有当独角兽和宙斯真的客观存在时，人们才需要理解客观存在的独角兽和宙斯；而现在人们所拥有的独角兽和宙斯的概念，只不过是凡人的幻想罢了。

安瑟伦的证明已经衍生出了多种变体，也面对着许多挑战。自康德（他反对这个论证）以来，哲学家就开始有了一个常见的口号“存在不是谓词”（Existence is not a predicate）。这就是说，“存在”与颜色、质量、广延不同，它不是某个物体的属性。假如说某物存在，只是说我们可以描述它，而无须赋予它更多的属性。例如，当我们想尼斯湖水怪是否存在时，我们并没有假设尼斯湖水怪具有任何属性，而只是想要知道现实中是否存在这样一个怪兽。

当你描述一个想象的客体时，比如向婚姻介绍所的人描绘你理想中的伴侣，这个客体未必存在；但相反，存在的东西则必须有其他属性，否则假如婚姻介绍所的人根据你说的条件而列出了一些虚拟人物时，你就没法抱怨了。

无论何种形态，上帝的本体论证明都把上帝看作最完美的存在，而最完美的存在必然是无所不能、无所不在的，这就包括了上帝必然存在。因此，这个证明的结论是：上帝必然存在。

尽管讨论存在的问题非常麻烦，但我们仍然能根据对一个事物的描述就知道它是否绝对不可能存在。比如，最初你或许不知道“斯归格”（Squiggle）是否存在，可一旦你知道“斯归格”指的是既是方形又是圆形的东西时，你立刻就能断定斯归格不存在。同样，我们也能断定某物一定存在。比如，10 与 12 之间一定存在着数字。不过，数字、概念都是缺乏因果影响的抽象实体，而神圣存在者却是全知全能的，可不是抽象实体。所以，我们很难理解，一个纯粹的先天推理如何能够得出上帝存在的结论，毕竟，他能推动整个客观的物理世界，并且是所有一切的原因。

我们再重申一下，在各种先天证明之中，上帝是最特殊的一个。和安瑟伦同时代的本笃会修士高尼罗（Gaunilo）提出过这么一个论证：按照安瑟伦的论证，假设我们能想到一个最完美的岛屿，那就可以得出“这个最完美的岛屿是存在的”的结论，但这其实很荒谬。假如把岛屿换成比萨、猫咪或者圣诞老人，同样会得出这样荒谬的结论。

这些论证之所以不成立，或许是因为我们无法精确描述这些所谓最完美的东西，比如，究竟面积多大、植被如何茂盛、阳光如何灿烂，这个岛屿才能被称为完美的岛屿？完美猫咪的毛发究竟要多么松软？我们也可以用相似的问题来质疑上帝：这个最完美的、无所不在的存在者到底指的是什么呢？或许就像没有最大的数字一样，因为无论给出一个多大的数字，总有比它更大的数字，同样也没有一个全知全能的存在者。

尽管本体论证明面对着许多反对意见，但我们也不能像一些进化论者和无神论者一样，轻率地把它看作无聊的文字游戏。有很多问题真的都很值得我们思考，比如人类能构想什么，先天证明的本质是什么，等等。然而，就算本体论证明成立了，它也既不能解决上帝和宇宙之间的关系问题，亦没解释清楚上帝的本质到底是什么。

道德证明：上帝存在面临道德困境

很多人觉得物理世界并不需要一个创造者或设计者，在提到数学真理时，他们往往会耸耸肩，表示数学是客观的，并不需要用神来解释。然而，当他们把道德看作客观真理时，一切就都变了。他们坚信必须要有上帝作为道德的源泉，保证道德的客观性，因为道德包含道德律令，而道德律令需要一个神圣立法者。因此，要反驳这种上帝存在的论证，我们就要证明，即便相信道德具有客观性，道德也和数学一样不需要一个神圣立法者。

尽管上帝、道德、宗教通常都能和谐一致，但道德难题还是威胁到了上帝或上帝的概念，或者更准确地说，威胁到了作为道德源泉的上帝的概念。有个讨论了多个世纪的问题，叫作“游叙弗伦困境”（Euthyphro），出自柏拉图的同名对话录《游叙弗伦篇》，书中通过苏格拉底与游叙弗伦的对话提出了这个困境。对话讨论了虔敬以及神喜爱的善，而这个困境就是围绕着善和神的命令展开的。在书中，他们讨论、分析的观点是：善应该被理解为神的命令。而困境则是：是否只有当神认为某事物为善时，该事物才为善；抑或只有当某事物为善时，神才认为该事物为善。

A BEGINNER'S GUIDE
PHILOSOPHY
思维拓展

信念与信仰

如果你相信生命能永恒，那就是你相信“生命能永恒”为真。信念指向真理：如果你真的相信 p，那就是你相信 p 为真。如果你能按照自己的意愿改变信念，那你就有可能按照自己的意愿改变这个世界。

信念

因为信念指向真理，所以它就需要依赖于一定的证据。比如说，如果你相信外面没有下雨，但你却在外面被弄得浑身湿透，你或许就会反思自己的信念，寻找一个会让你在没下雨的情况下浑身湿透的理由，例如也许是你的邻居泼的。如果你相信上帝热爱万物，然而却注意到世界上有大量无端的苦难，那么，你要么就放弃相信他热爱万物，要么就对信念做出调整，例如认为也许所有苦难都是必然的。

虽然你自己无法改变信念，但你可以选择自己相信的内容，即你可以没有理由地去信任一些人或一些事，怀有自己的信仰。

A BEGINNER'S GUIDE
PHILOSOPHY
思维拓展

信仰

关于信仰，有一个论证是帕斯卡的赌博，内容是：帕斯卡认为，有理智的人都应该相信上帝。如果你相信上帝存在并且上帝确实存在，那么你就会得到保佑；如果你相信上帝存在而上帝不存在，那你就不过是浪费了几个星期天去忏悔；如果你不相信上帝存在但上帝确实存在，那你可能会一直受到诅咒，被毁掉所有与宗教无关的快乐和休息日。

这个论证看上去很有道理，那我们应不应该支持呢？就算这个论证是可靠的，它本身也不能使人相信上帝存在，因为你并不能轻易地改变信念，就算找到一些真正的信仰者，希望能被他们的信念感染，也做不到。当然，不管出于什么动机，你也可以成为真正的信仰者，虔诚的信仰会让你无视所有关于上帝的质疑。

一方面，假设只有当神认为某事物为善时，该事物才为善，那么，不管神的命令是什么，它都是善的。如此一来，我们为何还要赞美神的善呢？依其定义，“神的命令是善的”就是真的。也就是说，说“神是善的”和说“单身汉没有结过婚”一样毫无意义。除此之外，我们还会担心，如果酷刑、强奸、抢劫都出自神的命令，那它们就变成了善的行为。

另一方面，假设只有当某事物为善时，神才认为该事物为善，那么，善本身和上帝的命令就没有关系，善似乎就不需要依赖上帝的存在了。

我们不能就此止步。或许，把上帝与善等同起来会让事情变得更有道理。不过，这又会产生新的问题：我们既不能理解这个断言有何意义，又不能理解善如何等同于一个全知全能的存在者。游叙弗伦困境提醒我们，道德现象并没有直接推出存在一个神圣的存在者。我们甚至可以说，道德或许推出了上帝并不存在。以下“罪恶问题”（Problem of Evil）就是对这一点的论证。假若上帝存在，假若罪恶被理解为不必要的折磨，那我们就会看到以下三个无法协调一致的命题：

命题 1：上帝是全能的。

命题 2：上帝是全善的。

命题 3：罪恶存在。

这个论证的内容如下：

要么上帝不能制止罪恶，要么上帝不想制止罪恶。

如果他不能，那他就不是全能的。

如果他不想，那他就不是全善的。

由于罪恶存在，因此上帝要么不全能，要么不全善，而这个结论与宗教信念是冲突的。

如果你相信宇宙一定有个全能的创造者或设计者，并且在世界中寻找他存在的证据。那么，在无数遭受无端苦难的动物和人那里，你肯定会发现许多证据都在败坏这个创造者的名声，这正是约翰·斯图尔特·密尔所强调的。根据这个思路，你会发现，这个宇宙很可能是由一个罪恶的创造者创造出来的，也可能是正邪交战的产物。

这个论证试图证明全知全能的上帝是不存在的，但它其实并不像它看上去那样具有说服力。我们要区分道德的罪恶与自然的罪恶：前者是人类故意创造的罪恶，后者则是由非人类的自然事件造成的罪恶，比如地震和洪水。而上帝的信徒声称，前者存在，正是因为上帝要赋予人类自由意志，以使人比机器更有价值。

但是，这种对世界上的苦难进行的“自由意志”辩护，其实已经预先设定了上帝没有做错。那么，假如上帝从无数可能的世界之中选择了现在这个，就意味着他本可以创造一个不同的世界，而在那个世界中，人们不用遭受这么多无端的苦难。于是，我们就会疑惑他为何要这样做，会质疑他为何要创造一个具有这么多不必要苦难的世界。回想一下，上帝是全知的，所以他知道他创造出来的自由主体会做出什么选择，而这就意味着人其实并没有真正的自由。

除了道德的罪恶，世界上还存在自然的罪恶，这不是那些由个别人类造成的罪恶，而是由气候灾难等造成的罪恶。那么，我们又有什么理由为这种罪恶辩护呢，难道我们要说，虽然它们看上去像是由自然规律造成的必然结果，但实际上并非如此，它们都是神安排的吗？这谁会相信呢？

——•——

这一章简要介绍了一些关于上帝存在的争论。对很多人而言，上帝仍是一个终极谜题。在回答宇宙为什么存在、为什么像现在这样存在的问题上，我们会觉得用神来解释没什么意义。解释，原本是为了消除疑惑，而不应该再引起更多的疑惑。如果它带来更多的疑惑，那我们就不如停留在宇宙为何存在的问题上。

另外值得一提的是，一些左右摇摆的无神论者偶尔也会怀疑上帝是否存在。有句梵语格言是“你不能证明没有”[①]，这句话是错误的。很多“没有”都可以被推理证明，比如，没有圆的正方形，没有最大的数字。你还可以证明当你读这本书时，没有大象坐在你的床上。有人说，我们不能确信无疑地证明，现在没有瓷器、茶壶正绕着月球运动。但是，这不应该成为我们变成不可知论者的理由。我不相信存在绕月运动的瓷器、茶壶，并不要求我的信念一定是对的。所以，无神论者不应

① “You cannot prove negative”，还可以译为“你不能证明否定”或“你不能证明否定论断”等，这里出于上下文的考虑，译为“你不能证明没有”。——译者注

该成为关于上帝存在的不可知论者。

无神论者单纯地不相信上帝的存在，但就像伯特兰·罗素说的那样，即便无神论者真的碰见了这位神圣的设计者，他们也会说没有充分的理由相信上帝的存在。当然，与上述所有上帝存在的证明一样，无神论者既不能证明上帝是一个自相矛盾的概念，也不能给出完全令人满意的答案。事实上，有神论者可能也缺少足够的理由去解释他们对上帝的信仰。正如上文所述，有人甚至觉得生活在自然世界中的人根本无法谈论上帝，因为它毕竟是一个超自然的存在者。但沉迷于上帝的斯宾诺莎或许认为，上帝不是超自然的，上帝和自然是同一的、相同的，所有一切都必然是今天这个样子。

或许，查尔斯·邓巴·布罗德（Charles Dunbar Broad）对待上帝的态度是最合理的，他是 20 世纪前期一位对精神研究非常感兴趣的哲学家。他认为，关于遇见上帝和来生，我们能做的一切就是等着瞧。

等着，但瞧不见。

要点总结 PHILOSOPHY

1. 设计论证明：

① 智慧设计者论证：生命太过于复杂，所以其背后一定有一个智慧的设计者。

② 宇宙微调论：如果不是某些关键的物理常数发生了一丁点细小、微妙的变化，生命就不可能诞生，而这种微调就说明其背后有一个智慧的设计者存在。

2. **宇宙论证明：**

① 卡拉姆论证：凡是有起点的事物都有其存在的原因，而上帝是一切的起点。

② 源自偶然性的论证：当下宇宙的存在是偶然的，但一定有某个东西作为根基，进而解释万物的存在，并且它自身不是偶然的，这个东西就是上帝。

3. **本体论证明：**用归谬法论证得出上帝必然存在。

4. **道德证明：**存在难以解决的道德困境，例如罪恶问题，于是无法证明上帝存在。

A BEGINNER'S GUIDE

问题 10

艺术哲学：艺术的意义是什么？

艺术是否有善恶之分？

人们认为根据真实事件改编的歌剧《克林霍弗之死》人性化了事件中的恐怖分子，这种批评是否合理？

1985年10月，在地中海东部，四名巴勒斯坦匪徒劫持了意大利游轮“阿基莱·劳伦”号，当时船上还坐着数百名乘客以及船组成员。这四名匪徒要求以色列释放50名在押的巴勒斯坦囚犯，否则他们就要把船和人都炸得粉碎。这个结局并没有出现，通过谈判，这次劫持事件被和平解决了。乘客与劫匪基本都活下去了，只有一位叫里昂·克林霍弗（Leon Klinghoffer）的人质被枪杀，他是一位残疾的、乘坐轮椅的犹太籍美国公民，当时正与妻子一起度假。被枪杀后，他的尸体和轮椅都被扔进了大海。

1991年3月，著名美国作曲家约翰·亚当斯（John Adams）创作的歌剧《克林霍弗之死》（*The Death of Klinghoffer*）首演。这部歌剧受到了克林霍弗的家人，以及一些以色列人和犹太人的强烈抗议。他们抗议的主要原因是该歌剧人性化了劫持事件中的恐怖分子。即便亚当斯修改了一些具有争议性的段落，原定的公演还是都被取消了。这部歌剧很少上演，直到 2012 年才首次登上了伦敦歌剧院的舞台。

艺术创作是否应该受到某些限制

艺术家，包括演员、作家、设计师、画家、舞者、作曲家等，都试图吸引他们的观众，那么，是否应该禁止他们涉及某些主题呢？是否应不顾克林霍弗家人的反对而执意上演《克林霍弗之死》呢？对于这个问题，我们应该充分考虑政治和道德因素，即考虑上演可能造成的恶劣影响，考虑是否侵害了自由表达，同时也要考虑相关人员的感受。与之相关的一个问题是，艺术，比如音乐，究竟如何产生政治上的影响？例如，节奏感强且激进的说唱音乐，歌词通常都比较暴力，因而人们认为这可能会损害社会的稳定与和谐。

回到前面提的问题。要注意，这里的“艺术”包括一切的艺术形式。哲学讨论通常区分“高级艺术”和“低级艺术”：前者包括比如绘画、诗歌、艺术歌曲、歌剧等；后者才是人们看到“艺术”后的第一反应中出现的内容，比如漫画、笑话、流行音乐、音乐剧等。而这里所说的“艺术”则是包括上述两者的。

是什么让一件作品成为艺术品？什么才叫好的艺术品？艺术的意义到底是什么？难道仅仅因为亚当斯的歌剧替几个巴勒斯坦人发了声，毕加索的《格尔尼卡》（*Guernica*）表达了战争的恐怖，雅克·路易·大卫（Jacques Louis David）的画作描绘了苏格拉底的死亡，它们就是好的作品？衡量一个艺术作品，就像衡量竞选演讲一样，既要考虑到它的内容，也要考虑到它造成的影响与后果。比如说，人们之所以批评《克林霍弗之死》，其中一个原因就是人们认为剧中有一段优美的咏叹调是对恐怖分子的同情与尊重。这种批评提醒我们，除了作品造成的影响，一个艺术作品自身也有善恶之分。

面对一件艺术作品，我们或许会先评价其形式，就歌剧而言，就是节奏、旋律和剧本的配合，形式和内容如何结合起来表达情绪、阐释世界，或者是否让人看到了某些真理等，但我们难免要进而关注它涉及哪些道德问题。对艺术作品最初的评价是美学意义上的评价，但这种评价经常不那么明确。此后，评价的内容必然会转向其内涵，和现实事件缠绕在一起，就如上面提到的恐怖主义、西班牙内战、苏格拉底之死一样。

艺术哲学经常被贴上"美学"的标签，但它最终会指向政治。在希腊语中，"美"的原意为感官知觉，过去主要被用于描述人们从艺术中获得的独特体验、理解和价值。康德的老师，18 世纪法国著名画家鲍姆加登（A. G. Baumgarten）把这个术语引入现代语境，他强调审美欣赏不仅属于智性层面，比如欣赏诗歌，就需要对节奏和声音的感知。审美欣赏不能被第二个人或第三个人转述，阅读学生关于《哈姆雷特》的学习笔记就不是在欣赏《哈姆雷特》。舒伯特（Schubert）的《冬之旅》（*Winterreis*）的美感，爵士即兴创作中的情绪，甚至艾米·怀恩豪斯（Amy Winehouse）的歌声，都不是能用描述传达出来的。

欣赏艺术作品时，并不是所有的体验都能被称为审美体验：欣赏歌剧时，服装的价格不是重点；欣赏绘画时，画布的材质不是重点；欣赏音乐时，指挥家飞舞的指挥棒也不是重点。进一步说，审美体验还可以直接从外部世界获得。比如，优美的风景、马的鬃毛落下的阴影，甚至错落的书本，都能提供美。带给人审美体验并非艺术作品的充分条件，也不是必要条件，但想要一件作品获得人们的称赞，审美体验就是必要条件了。显然，在我们讨论审美体验及其价值之前，我们要先来看看什么是艺术作品。

什么是艺术作品

面对有些被称为艺术品的东西，很多人会感到困惑，甚至是愤怒，比如一个小便池、一堆砖头或凌乱的床铺。马塞尔·杜尚（Marcel Duchamp）的作品《泉》（*Fontaine*）就是一个小便池，其上署名为“R. Mutt, 1917”，它本来只是一个玩笑，随后却成了一件标志性的作品。卡尔·安德烈（Carl Andre）的作品《等价物 VIII》（*Equivalent VIII*）就是一堆砖头。《我的床》（*My Bed*）是翠西·艾敏（Tracey Emin）的作品，而令人惊讶的是，她是英国皇家艺术学院的绘画学教授。下页图 10–1 是卡西米尔·马列维奇的作品《白底上的黑色方块》（*Black Square*），画面由白色的底色和一个黑色正方形组成，图 10–2 是舒伯特《冬之旅》的乐谱。除此之外，约翰·凯奇（John Cage）有一首四分三十三秒的曲子，只需要钢琴家坐在钢琴前四分三十三秒，完全不用弹奏。

欣赏艺术作品时，我们到底在欣赏什么

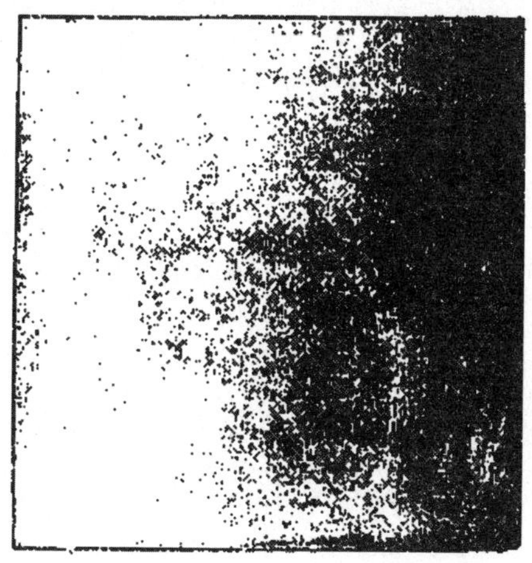

图 10–1　卡西米尔·马列维奇，《白底上的黑色方块》

Winterreise.

Ein Cyclus von Liedern von Wilhelm Müller.

Für eine Singstimme mit Begleitung des Pianoforte

Schubert's Werke.　componirt von　Serie 20. Nº 517-540.

FRANZ SCHUBERT.

Op. 89.

ERSTE ABTHEILUNG.　Februar 1827.

I.

Gute Nacht.

图 10–2　舒伯特，《冬之旅》乐谱

这些例子让我们不得不思考到底什么是艺术作品，注意，这里说的不是好的艺术作品，而且我们要知道，对艺术作品的判断标准是会发生变化的。1913 年，斯特拉文斯基（Stravinsky）的《春之祭》（*The Rite of Spring*）面世，面对带有如此冲突的和弦、调性与节奏的音乐，它的拥护者与反对者之间出现了尖锐的矛盾。而如今，这首曲子被视为主流交响乐、芭蕾作品之一，其实就是因为我们的欣赏标准已经和以前不一样了。

无论好坏，展览馆中的画作确确实实是艺术作品，当然，可能有的也不是。但是，展览馆的墙也要经过涂涂画画，它们通常却不被视为艺术作品；与之相反，米开朗琪罗在西斯廷教堂大厅天顶上的涂画肯定是艺术作品。交响乐是有次序的声音，而咳嗽、椅子发出的嘎吱响、指挥家的嘟囔虽然都有次序，却并非艺术作品。

在看具体的画作时，人们有时认为，“真正”的艺术作品在本质上是一种“再现”（representation），比如这幅作品再现了一个女人——想想《蒙娜丽莎的微笑》中的那个模特，那幅作品再现了一个山谷。但有的再现，比如新闻、护照和婚礼照片，却并不被看作艺术，而一些抽象的作品被看作艺术，却看不出来它们再现了什么，比如图 10–3 的《水中女神》（*Nymphs*）。当然，音乐偶尔听起来像鸟叫，舞蹈偶尔看起来像涌动的波涛，但这都是偶然发生的情况。此外，假如“再现”主要是指一种相似性的话，那么一切都会变得很奇怪。因为相较于真实的马，有些画作中的马更像是一些带颜色的几何图形；描绘田园牧歌般生活的音乐也与田园牧歌的场景没什么相似性。

也有人反对以上的观点，认为相似性并非“再现”的关键。如果 A 与 B 相似，那 B 也与 A 相似；但如果某幅画再现了马，并不代表马再现了该画作。有人认为，在艺术语境中，再现更像是一种表达，一种对情感、心境或激情的表达。绘画、舞蹈和弦乐四重奏，不是在模仿愤怒、绝望或爱，而是在表达它们。列夫·托尔斯泰写道：

> 一个人用某种外在的标志有意识地把自己体验过的感情传达给别人，而别人为这些感情所感染，也体验到这些感情。

托尔斯泰相信，这些外在标志、艺术作品能传达情感。观众在观看演出、凝视画作、欣赏音乐时，往往会为之动容，感到痛苦或快乐，但这并不足以使其成为艺术作品。情感、快乐等同样能从温暖的床和威士忌那里获得；但床（艾敏的床除外）和威士忌都不是艺术作品。人们因画作而心情愉悦，因歌声而热泪盈眶，但假如皮下注射器同样能让人心情愉悦或热泪盈眶，那后者就能取代前者吗？维特根斯坦说，不能。我们在乎的不仅是内在于我们的经验感受，这点我们已经在经验机器那里谈到过了。

回到“什么是艺术”，还有一种“机构的”理解方式：艺术品是人工制品，或被看作人工制品的自然物品，但它们在艺术界中拥有了自己的身份地位，或者得到了社会机构的认可。这个回答承认了砖头、寂静、

艺术作品应该是一种再现吗

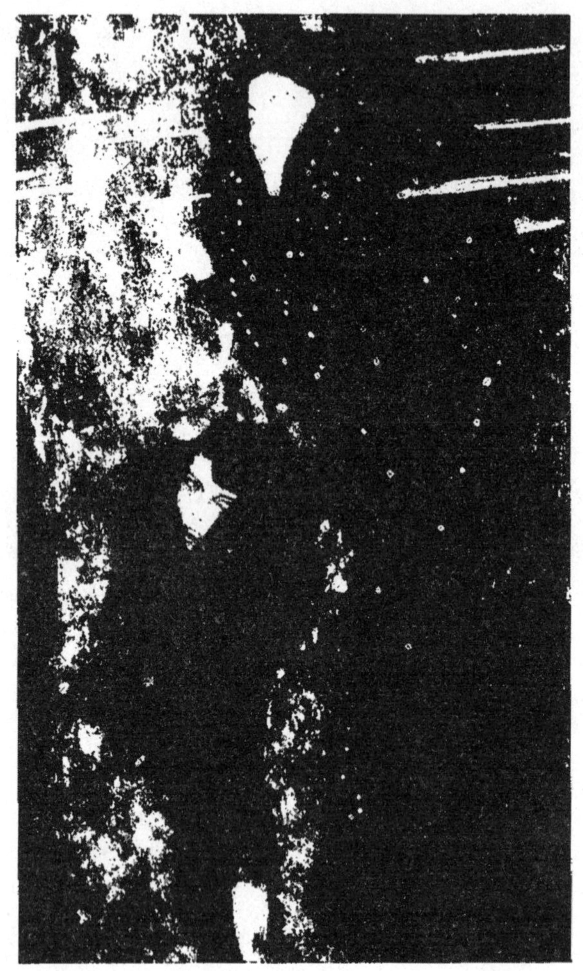

图 10–3　古斯塔夫 · 克里木特（Gustav Klimt），

《水中女神》，1899

凌乱的床等作品是艺术作品，因为它们在艺术界中取得了这样的身份地位。因此，被展览馆挑选中的床是艺术作品，而其他没被艺术界承认的床就不是。当然，展览馆里的墙也在展览馆里，但它并没有得到自己的身份地位，所以不是艺术作品。

这种方式立即受到了人们的反对。毕竟，什么是艺术界呢？他们有什么权力去判定艺术作品，又基于何种理由去判定艺术作品呢？如果不增补更多的内容，那这个理解方式其实就相当于什么都没说，不过是一种循环论证：艺术就是评议员认为是艺术的东西。这和诺贝尔奖完全不同，诺贝尔奖得主的身份地位，可不是随便一个人就能给予的，就连颁奖者也不能随意选择诺贝尔奖的得主。

艺术作品评判：宽容原则

在前言中，我们提到过维特根斯坦及其家族相似性理论，以下则是从其作品《哲学研究》(*Philosophical Investigations*)中截取的一部分：

> 例如，我们可以考察一下被我们称为“游戏”的活动。我指的是棋类游戏、牌类游戏、球类游戏、角力游戏等。它们的共同之处是什么？
>
> 不要说“它们一定有某种共同之处，否则不会都被叫作‘游戏’”，而要看看所有这些究竟有没有某种共同之处……
>
> 因为你睁大眼睛仔细看，看不到所有这些活动有什么共同之处，

> 但你会看到它们之间的相似之处、亲缘关系，看到一整系列这样的东西…… 这种考察的结果是这样的：我们看到了相似之处盘根错节的复杂网络——粗略精微的各种相似。

有的游戏是竞技性的，有的不是。有的游戏是要求多人参加的，单人纸牌游戏则不能多人参加。有的游戏设置了输赢规则，但类似于向墙上扔球这种游戏则不存在什么输赢规则了。家族相似性通常指同一个家族的人具有相似的体型、相貌、眼睛颜色、走姿、性情等，而维特根斯坦则用家族相似性来描述类似游戏的相似性。

想要找一个确定的标准判断什么是艺术作品，就和想要找到所有游戏之间的共性一样愚蠢。或许，我们可以套用维特根斯坦的表述方式来说：

> 例如，我们可以考察一下被我们称为“艺术”的活动。我指的是绘画、素描、诗歌、小说、戏剧、弦乐四重奏、芭蕾、歌剧、勒·柯尔比西耶（Le Corbusier）的建筑、威廉·莫里斯（William Morris）的设计、韦奇伍德牌（Wedgwood）的瓷器，等等。它们的共同之处是什么？
>
> 不要说“它们一定有某种共同之处，否则就不会都被叫作‘艺术’”，而要看看所有这些究竟有没有某种共同之处……
>
> 因为你睁大眼睛仔细看，看不到所有这些活动有什么共同之处，但你会看到它们之间的相似之处、亲缘关系，看到一整系列这样的东西……

同样，我们还可以说：

> 例如，我们可以考察一下在展览馆中找到的艺术作品。我指的是达·芬奇的《蒙娜丽莎的微笑》，惠斯勒（Whistler）的《灰与黑的第一协奏曲》(*Arrangement in Grey and Black No.1*)，马列维奇的《白底上的黑色方块》，罗斯科（Rothko）的《褐红色上的红色》(*Red on Maroon*)，还有达明·赫斯特（Damien Hurst）的《生者对死者无动于衷》(*The Physical Impossibility of Death in the Mind of Someone Living*)，等等。它们的共同之处是什么？
>
> 不要说……

当展览馆馆长挑选艺术品、值得展览的作品时，当艺术从业者把自己的作品当作艺术作品呈交给市场时，他们都要考虑很多方面的事情，而且具体情况要具体分析。有人认为，所有的艺术作品都必须具有某种共性，因而我们要专注于探索艺术和非艺术之间的清晰界限，但支持与反对这个观点的人都有。一件作品被选中，可能是因为作品的外形特征，比如色彩的碰撞、形状的搭配；也可能是因为作品的内在特征，比如对某种艺术传统的继承，它所具有的双关性与反讽意义，或者对某种社会现实的反映，等等。馆长选中某件作品，或许是因为他看到了作者对传统的突破，又或许是他能理解作品的艺术价值。而我们看到这些作品时，就会尽量去猜测它到底哪里称得上是艺术品，比如作品的平衡感、统一性、线条的流畅度、动静的搭配，等等。

通过以上讨论，我们可以看到机构论的观点也具有一定的合理性，因为在关键问题上，我们通常都会尊重艺术领域中专家们的意见。我们这样做是理性的，而他们从美学角度所选择的作品也值得我们重视。当然，也仅仅是值得重视而已。因此，我们需要采用“宽容原则”（principle of charity）①：当与专家观点相左时，我们要先相信专家的观点，看看自己是否忽视了艺术品的某些价值。毕竟，就像对于新发现的藻类一样，我们都承认植物学家更有发言权。

艺术鉴赏：审美无关利害

观察一下展览馆中的游客，他们都在做什么？他们注视着一幅画，指指点点，表达自己的欣赏或反对意见，他们可能在说某幅画的线条如何与色彩搭配，《苏格拉底之死》（*The Death of Socrates*）（图 10–4）讲了什么故事，克里木特的《水中女神》或埃贡·席勒（Egon Schiele）的《死神和少女》（*Death and the Woman*）（图 10–5）象征着什么，又或者米罗（Miró）的《吻》（*Kissing*）看上去和吻一点关系都没有。

观察一下聆听交响乐或者观看芭蕾舞表演或歌剧的人。一开始，他们沉浸其中；过了一会儿，他们或许会开始谈论他们觉得哪些动作比较迷人，哪些动作比较生动有趣，又或许会表达一下自己愉悦的心情；等到结束的时候，他们或许会觉得舞台上激动的氛围与音乐中的绝望和悲怆形成了奇妙的对比。

① 可参考《简单的哲学》3.18 小节。——译者注

当然，人们经常说自己享受音乐、展览、小说。但就像之前提到的一样，享受艺术带来的愉悦与享受床、威士忌带来的愉悦并不相同。确实，享受，不管是享受愉悦还是享受痛苦，都能够被床、威士忌等因素直接激发出来；但美学意义上的享受，即在艺术中获得的愉悦，需要一些感知，而且必须由恰当的种类、连接才能达成。相较于欲望激发的快乐或“我喜欢它”的简单判断而言，艺术赏析需要更深的理解。

如果让学生们在原定的考试时间去看一场戏剧，他们会非常开心，但这份开心或许并不来自戏剧。他们仅仅是把看戏剧当作达成目的的手段，只是逃避考试的一种方法。恋人或许会很享受席勒的画作，但这只是因为它让他们想起了在阿姆斯特丹第一次迷人的邂逅。在这个例子里，席勒的画作也只是达成目的的手段。和上述两个例子不同，艺术带来的愉悦并不依赖于外在目的的达成。美学欣赏应该像康德说的那样无关利害（disinterest），但无关利害也并不是指对什么都毫不关心。

审美鉴赏是无关利害的，它不是达成外在目的的手段，比如躲过考试、刷墙、回忆美好过去等，而是直接指向艺术本身。换句话说，纯粹的审美鉴赏并不需要任何现实中的寄托物。如果艺术家在他们的作品中展现出高超的绘画水平，那他就会赢得许多世俗的赞赏，但这种赞赏和无关利害的审美鉴赏无关。按照“审美无利害”的理论，对歌剧《克林霍弗之死》的评价应基于其本身，而不应考虑它是否同情劫匪。就算艺术的目的是让人看到真理、正义和美德，它也应该是无关利害的。

好的艺术作品一定是美丽的吗

图 10–4　雅克·路易·大卫，《苏格拉底之死》，1787

图 10–5　埃贡·席勒，《死神和少女》，1915

根据康德所言，审美无利害还体现在它并非只和个人的品位有关。每个人的品味不同，就像有人喝咖啡加糖而有人不加，我们都很容易接受这种差异。但与之不同的是，如果我们认为一首歌比另一首歌更加美妙，一幅画比另一幅画更有深度，一部小说塑造的人物比另一部更加真实，我们就要给出自己的理由，人们甚至会因观点不同而彼此争论。假如说垃圾桶比日落更美丽，那就实在太荒谬了，当然，这样说的人或许也不知道如何解释，总不能诉诸垃圾桶的阴影吧。

康德认为，审美鉴赏需要无关利害的兴致，这个表述看上去有点自相矛盾。但更根本的是，审美鉴赏需要我们关注作品本身，关注我们眼前的东西，但是，我们到底在干吗？在鉴赏和评价作品时，我们到底在关注些什么？

有创造力的厨师在开发新菜品时就有点像艺术家，他会在色、香、味、形各方面做细微的调整。不过，这其实也有风险，一不小心就会变成一场灾难，比如说加了过量的盐。维特根斯坦是这样说的：

> 当一个知道好西装是什么样的人在裁缝处试穿西装时，他会说什么？“这里的长度很恰当”“这里太短了”“这里太窄了”。尽管当西装很合身时他会表现得很愉悦，但赞美的话语没有任何作用。

赞美的话语当然有用，就裁缝的这个例子而言，它说明审美鉴赏涉及艺术作品是否“合身”的问题，合身的作品就能带来审美愉悦，获得较高的评价。那么，评价一件艺术品是否合身，就需要明白自己想要什么，以及艺术家想要表达什么。就后者而言，我们通常并不知道艺术家到底想要表达什么，并且，艺术家真正的目的似乎也并不重要，艺术家甚至有可能误解了自己的作品。于是，有人宣称“作者已死”或“艺术家已死”；还有人谴责探求意图的行为，因为这犯了“意图谬误”（intentional fallacy）。当然，我们不用接受这些极端的看法，应该具体情况具体分析。

艺术家自己的意图可以帮我们看到一些可能错过的关键点，但我们也要加入自己的思考去判断一个作品是否取得了美学意义上的成功。有些时候，了解艺术传统、文化背景是很重要的。我们确实需要相关的背景知识，但仅在它们有助于我们欣赏作品本身的时候。除此之外，还有一种相关的背景知识，指价码或价格，比如价格无疑会影响人们对葡萄酒的评价。即便无法区分赝品与真品的差异，但当人们知道一件作品是赝品时，他们瞬间就会觉得它没有审美价值。这一点我们稍后再谈。

大卫·休谟提到过塞万提斯的著作《堂吉诃德》中的一个故事。两个人在喝大桶里的葡萄酒，他们觉得这酒的品质很好，但有一个人觉得酒被皮草的味道影响了，还有一股铁具的味道。其他人嘲笑这个人太过自大。可结果呢？酒被喝完后，他们发现桶底有一把系着皮链的旧钥匙。

艺术，或者说审美体验之所以具有价值，是因为它培养、锻炼了我们的感受力、想象力和理解力。尽管人们可能对什么是好的艺术存在争论，但“一切都一样”显然是错误的，一件作品不可能和其他作品完全一样好。这就像有些人是色盲，有些人代数特别差，有些人没法对动物的遭遇感同身受，有些人对诗歌的韵律美不太敏感，或是无法体会到琴声中的沉痛。

我们现在或许可以理解艺术为何会被分为“低级艺术”与“高级艺术”，低级艺术，如流行音乐和刻板、批量的画作，其中没有深层的内容，没有想象力的广度和深度。它们缺少精妙的细节，让人感受不到它“有所表达”。显然，小说，无论是俗套的爱情小说，还是塞缪尔·贝克特（Samuel Beckett）的宇宙科幻小说，其中的文字肯定有所表达，但审美鉴赏更强调表达的形式，即人物如何塑造、场景如何描绘等，以及这种表达形式如何把我们带到它所描绘的那个世界之中。

艺术鉴赏的几个问题：从对艺术的表达到赝品

我们已经谈了足够多的绘画、音乐、文学，以及观众或评论员如何阐释、反驳或赞美某个艺术作品。但如果想直接评价一件艺术作品，我们还要面对很多问题。比如，人们有时会说绘画中的线条太过沉重，那个缓慢的乐章不够柔软，这本小说太黑暗、血腥，但这些表述都不是字面上的意思，人们并不是真的认为线条很重、乐章不软、这本小说长得太黑并且流了很多血。我们不能忽视这种形容。毕竟，说一个人心情沉重并不是在说他心脏很重；说一个人心里打鼓也并不是说他的心里真的有人在敲鼓，即便真有鼓，那敲鼓的人也从未被看到过。

想象一下把声音描述成“低”的情况。这种“低”和天花板的“低”、心情的“低”一样吗？沃恩·威廉（Vaughan William）《云雀高飞》（*The Lark Ascending*）中小提琴的演奏，营造了云雀在空中翱翔的情景，但音调高和鸟儿在高空飞翔之间有什么关联吗？

继续来看音乐。不管是否具有音乐鉴赏的知识，我们都知道音乐是一种表述。然而，音乐毕竟不是人，它无法渴望、悲伤、遗憾，并且谁又能知道作曲家想的究竟是什么呢？或许他只是因为没有食物而饥饿，或因没有报酬而生气罢了。

想想阿富汗猎犬，它的长相让人觉得冷漠且凶狠，但实际上一条猎犬不可能比人在恐吓他人时的脸更冷漠。有人说这是因为阿富汗猎犬的动作和姿势，都特别像人冷漠时表现出来的样子。同样，音乐也会被形容成“伤感的”，因为它让人们回忆起许久不见的熟人。当然，音乐自身不可能伤感，只是它的演奏方式和轮廓或许与伤感之人有某些共通之处。

就算知道一段音乐想要表达何种情绪和心境，我们也不一定要有这种感受。在感受音乐传达的情感时，或许就像在听一位朋友表达他的情绪。毕竟，虽然每次看到巴吉度猎犬沮丧的脸，我们都会感到一丝同情，但我们也知道这种反应非常傻。

我们经常会拓宽语言文字的含义，用于表达各种思想；用某些语言文字的引申含义形容艺术作品亦是如此，没有什么奇怪之处。但是，我们仍要追问为何要使用这样的修辞，为何如此鉴赏或理解音乐与美术。毕竟，人类把握相似性的能力是很耐人寻味的。

关于艺术作品，一个问题是，就算知道作品中的人物都是虚构的、不存在的，人们还是会因他们而产生情感波动。当英雄被爱人背叛，当母亲痛失骨肉，观众都会潸然泪下，甚至还可能不自觉地大声提醒快要落入陷阱的老实人。在整个过程中，观众都坐在环境舒适的剧院或者家里的椅子上，而表演则发生在舞台或电影中。有时甚至在观影结束后，观众还有可能沉浸在剧情中，迫切想知道下面将会发生什么。

要想理解这是怎么回事，我们就会碰到一个两难困境：如果观众相信自己看到的都是真的，那他们就应该从座位上跳下来营救被害人；如果观众明白自己看到的都是虚构的，那他们为何还要为虚假的东西掉眼泪、担忧或痛苦呢？眼泪可不是虚假的，人们的情绪也足够真实。或许这只是说明了人是多么的非理性，然而，许多非常理性的人明知自己看到的是虚构作品，同样也会产生相同的感受。

我们需要搞清是哪些特定的东西引起了情感，而不管相信与否。只是想象悲剧发生在所爱之人身上也会令人感到痛苦，就算知道这是想象出来的并不会真的发生也无法改变这种感受。或许，这就足够说明人们对虚构作品的反应了。人们并不是真的觉得英雄会受到伤害，但仅仅是这种想法，仅仅是想象出来他们受伤的场景，就足以激起人们的眼泪了。短剧、小说，以及想象出来的场景，为我们带来了真实的情感。我们就是这样的人。

究竟如何鉴赏音乐仍然是一个谜题，鉴赏绘画、美术作品时同样如此。即便再栩栩如生的绘画作品，其本意也不是让人们信以为真，让人们以为画中的东西真实存在。的确，法国视觉错视画（*Trompe l'oeil*）或许能让人产生误以为真的错觉，比如试图抓住一个并不存在的苹果，但具象派艺术（representational art）吸引人的原因通常是：我们都知道它只不过是一幅画，但却仍然从中能看到深意。回想前文，即便是一个简单的线条，我们也能把它看作鸭子或兔子。不知为何，画布上的几笔线条就能让我们看到三维的物理实体，看到我们的情感与表达。就连抽象派作品，比如马列维奇、罗斯科或波洛克的作品，也让我们在色彩交错之间探究着人类的心情与情感。

之前提到过，背景知识和审美鉴赏息息相关，但鉴赏最终必须关注作品本身。如若这样，我们就必须面对赝品的问题。当发现一部作品是假的之后，是什么影响了我们对作品的美学价值的判断？确实，赝品的质量一般都比真品的差，但假设有一个极端情况，毕加索作品的赝品与真品之间的差别只在于化学成分和完成日期等。那么，两者在审美层面上似乎就并没有什么差别。

有人觉得，这里涉及道德评价。赝品是一种欺骗行为，是丑陋的假冒行为的产物。但这在审美层面上会造成什么影响吗？继续用毕加索的例子，如果没有故意为之地造假，而只是不小心搞错了作者呢？

好吧，面前的这幅赝品并没有当年毕加索的笔触。这幅画并不是毕加索的真迹。的确这种关系会对我们造成影响。想象一下，我们带着妈妈给的耳环而非一副赝品，拿着舒伯特的乐曲原稿而非复印件，这是多么重要啊。但是，就毕加索的例子而言，真假为何会在审美层面造成影响呢？我们可以回答说，艺术家本人的创造性体现在作品之中，而我们也重视这一点；赝品虽然也体现了高超的绘画技巧，却没有艺术原创性。但也要分情况考虑，因为赝品的作者在造假时或许也很有创造力，就像"蓝色时期"的毕加索一样。

另一个问题涉及艺术作品的本体论地位。首先，我们来看音乐。到底什么是舒伯特的组曲《冬之旅》呢？我们听过这套组曲的不同演绎方式，但哪个才是真正的曲子？这首曲子不可能指最初的手稿，因为手稿可能会遗失，但这首曲子却不会因此而成为残章。这首曲子不是指写在纸稿上的东西，也不是指某一场特定的表演。相较而言，它更像一个实体的类型，既不存在于空间之中，也不存在于时间之中；同时，它又是每次表演的源泉，而每次表演都发生在具体时间和具体空间之中，它们是同一个类型的不同记号。

这同样适用于小说和诗歌，甚至适用于艺术家授权的批量生产的绘画和雕塑复制品。当然，许多画作十分独特，没有批量生产的复制品，比如《蒙娜丽莎的微笑》，但是，我们认为只有卢浮宫里的那幅才是《蒙娜丽莎的微笑》吗？设想制造出了完美的复制品，与原版没有任何差别，事情又会如何呢？这或许说明，绘画也要被理解为一种类型，只不过这个类型通常只包括一个记号。

艺术的审美价值：美与爱

我们总是不断重复欣赏一些画作、音乐和诗歌，甚至是一些建筑，并从这种重复的体验中获得愉悦。很难说每次欣赏都能发现新东西，但毫无疑问的是，我们认为它们是有意义、有价值的。有一种看法认为，要说艺术作品具有价值，就必须用语言文字描述出价值的具体内容，我们要摒弃这种看法。以画作和四重奏为例，用“深沉的”来形容它们，其实远远不如它们自身的价值。如果音乐能转化为语言文字，那还要音乐做什么呢？毕竟，如果朋友两个都很重视彼此的友谊，认为这段友谊对其人生意义重大，那他们也就不需要用语言来说明这段友谊到底有什么意义。

审美鉴赏的无利害性原则或许能告诉我们艺术的价值所在，即它的价值在于自身，而不是为了达到某种目的的手段。这还提醒我们，娱乐或快乐在我们的生活与艺术中的重要性。艺术家的娱乐是创造一个想象的全新的世界，或者提供一个理解世界的全新视角。而作为观赏者的我们，也随之释放自己的想象力：和着音乐的旋律、绘画的呈现而翩然起舞。

娱乐或审美鉴赏在本性上是要带来愉悦感的，而有些艺术作品则想要故意带来不安，它们也成功了。从毕加索的《格尔尼卡》、亚当斯的《克林霍弗之死》、大卫的《苏格拉底之死》的题材来看，要想从这些作品中体会愉悦似乎不合常理。我们或许会说自己很享受布里顿（Britten）的歌剧《威尼斯之死》（*Death in Venice*）中的血腥死亡，享受莎士比亚的悲剧，或者享受席勒作品中痛苦挣扎的灵魂，但这里的“享受”只是表达我们意识到了道德困境与人性之乏力。

强调审美鉴赏是无利害关系的，并不是否认艺术能够为我们提供体察世界的新角度，艺术确实能做到这一点，就像宗教做的那样。一些作品能启发人们选择不同的生活方式，也有可能影响人们追求的道德目标。这就解释了为何有人在艺术中得到平静；为何有人观影后即便回到温馨的家，仍觉得紧张、不安，仿佛自己命悬一线；甚至能够解释为何有人迷失在了菲利普·格拉斯（Philip Glass）的《真理坚固》（*Satyagraha*）和其他简约主义的艺术形式之中。

除此之外，艺术还是一个能够产生美的地方。美能激励人们，而人们甚至能在种种苍凉的无力中看到美的影子，比如体会到蒙可、席勒的画作中萦绕不去的绝望，倾听费舍尔·迪斯考（Fishcer-Dieskau）演唱的舒伯特《冬之旅》，或者是观看塞缪尔·贝克特的戏剧。

我们再深入讨论一下美。1903 年，乔治·爱德华·摩尔在他的《伦理学原理》（*Principia Ethica*）中，列举了一些内在的善和内在价值，尤其是我们所爱之人和美的对象。美，蕴藏在自然风光、绘画和音乐中，能帮助人们从俗世的欲望、人间的苦闷和生存的争斗中脱离出来。与维特根斯坦的家族相似论不同，柏拉图让人们关注美的形式或美的理念，这是美的抽象化，仿佛所有美的事物都分有了这一理念。但是，我们对美本身的关注是无关利害的，我们想要得到的利益，美都无法提供。

摩尔高度赞扬了美和友谊的价值，并认为两者具有相同之处，这或许让人感到奇怪。我们先设想任何一个可以替代的物品，比如一杯葡萄酒或者一个水管工，只要它的性质能够满足你的需求就行：葡萄酒要由梅洛葡萄酿造，水管工要可靠、知道如何疏通管道。如此只要确定了某种性质，比如大小、价格、品质，任何符合条件的个体就都能满足我们的需求。但与这种物品不同，我们的朋友、爱人，以及艺术作品都是不可替代的。比如说，你或许有爱欲，你的欲求也可能会很快平息，但你的爱欲、你的爱情只指向特定的个人，其他人都无法代替。康德把爱欲与食欲进行类比，认为当爱欲被满足之后，“另一个人就被抛在一边，就像抛弃了一个被吸干的柠檬”，不过，这其实是对爱欲的一种误解。

在一段真正的友谊或爱情中，朋友、爱人都是不可替代的。在这些关系中，那个特定的人才是最重要、最根本的——他或她令人着迷。我们享受和朋友、爱人相处的时间，会猜测他们的想法和态度；当情欲来临时，我们探索爱的本真。我们爱他们只因为他们本身，就像对待艺术作品那样。诚然，我们或许会觉得作为物理对象一只手很美，但我们在人身上发现的美绝对不是这种形体美，而是他的神秘内在的具象化。

美令人动容，无论源自何处，无论源自爱人、起伏的波涛还是弦乐四重奏。就像柏拉图说的，它带领我们去往理念世界，那里是居住着美的理念、真理理念和正义理念的世界。但是，柏拉图的理论带有神秘色彩，如果按照他的指引步入抽象世界，我们将会太远离现实，而只有在现实世界，我们才有感受，才能遇到美的物体，认识到我们的朋友和爱人。柏拉图却认为，具体的物体、朋友和爱人只不过是手段，是我们找到美的理念的手段，仿佛其他东西也能代替它们。

毋庸置疑，我们只能从具体事物中发现美。但如何发现美、美由什么组成都仍然是一个谜。爱人、朋友、钟爱的音乐，我们喜欢它们出现在生活里。我们或许还会因发现艺术作品之间的关联而喜悦，比如大卫的画作《苏格拉底之死》、萨蒂（Satie）的交响乐作品《苏格拉底》，以及柏拉图在《斐多篇》中描绘的苏格拉底，这三者有一定的联系；电影《不道德的审判》（*Death and the Maiden*）的主题在诗歌、戏剧、舒伯特的民谣以及席勒的画中都得以体现。

我们通常会与他人分享自己的审美体验，通过一起讨论、争论或表演，我们也会感到快乐。并且，我们讨论、争论、表演都不是为了追求最终的观点一致。这里似乎能与福斯特所说的“唯有联结”（Only Connect）产生共鸣。与他人的联结越紧密，我们越有机会扩大视野，越有可能与他人感同身受，也越可能受到启迪。朋友、爱人，以及艺术，都出于无关利害关系的好奇。

这本书始于好奇，或许在这里结束再合适不过了。但是，在后记中我们还会讨论一些对其他人生课题的哲学思考。

摩尔与罗素的论争

哲学家和艺术家之间关系复杂。哲学大师柏拉图在他的理想国家中剔除了艺术家一职，他认为艺术家会使人们偏离各种理念，比如美、正义与美德的理念。相反，悲观主义者叔本华则认为美能让人们抛弃肉身，从而触及柏拉图意义上的理念现实。

乔治·爱德华·摩尔（1873—1958）：在剑桥读书时，罗素建议摩尔研究哲学，摩尔建议罗素学点常识。摩尔追求一种“极致的纯粹”，他是当时英国一个知识分子小团体布鲁姆斯伯里团体（Bloomsbury）的一员，这个团体里还有弗吉尼亚·伍尔芙（Virginia Woolf）、爱德华·摩根·福斯特、罗杰·弗莱（Roger Fry）、约翰·梅纳德·凯恩斯（John Maynard Keynes）等成员。

摩尔宣扬私人生活、爱、关系、审美鉴赏的内在价值。和凯恩斯的经济理论相反，摩尔对社会理想、公民权利和福利改革不屑一顾，他认为这些理想都只是自由以后的人们实现内在善的手段。就像凯恩斯后来写的，这个团体的成员就像是同一条溪流中的水蜘蛛，极少接触到旋涡和水流。

摩尔提出了两个可能世界的观点。任何一个世界中都没有有意识的存在者：其中一个由美丽的风光组成，另一个由垃圾和丑陋组成。按照摩尔的说法，前一个比后一个有价值是自明的，客观上也是如此。当然，这其中存在矛盾，至少我们可以轻易地质疑审美价值的客观性，比如生活中有“情人眼里出西施”的情况。但在审美判断中，我们也承认有一定的标准。所以，我们都知道，花园中的小矮人、作者的歌声，以及某些观念艺术，绝对和美完全不同。

伯特兰·罗素（1872—1970）：逻辑学家和哲学家，以其《数学原理》（*Principia Mathematica*）、政治激进主义、无神论、幽默风趣、崇尚自由恋爱、善用逻辑诡辩而闻名。他曾经问摩尔：“你是否总能说出事实？”“不。”摩尔回答道。现在想想，罗素是在引诱这个正直的人说谎吗？

要点总结

PHILOSOPHY

1. 对艺术作品的三种评判标准：

   ①“真正”的艺术作品在本质上是一种“再现”。

   ② 艺术作品能够传达一定的感情。

   ③ 艺术作品是人工制品，或被看作人工制品的自然物品，但它们在艺术界中拥有了自己的身份地位，或者得到了社会机构的认可。

2. 宽容原则：在对艺术作品的评判上，当与专家观点相左时，我们要先相信专家的观点，看看自己是否忽视了艺术品的某些价值。

3. 审美无关利害：审美鉴赏不是达成外在目的的手段，而是直接指向艺术本身。纯粹的审美鉴赏并不需要任何现实中的寄托物。

如何探寻生命的意义？

1669 年 5 月 31 日，英国作家和政治家塞缪尔·皮普斯（Samuel Pepys）的视力逐渐退化，他在最后一则日记中写道：

> 所有担心自己的眼睛还能记述多久的疑虑就此告终，我再也无法写下去了，几乎每次拿起笔开始写日记，我的视力都会受到损害……

皮普斯提醒了我们一个早已知道的道理：人们的感官随着时间的流逝而衰退，生命之火随着时间的流逝而飘摇，睥睨世界的眼眸终将闭合。终有一天，生命将永远消逝。

生命的意义到底该如何去衡量？对皮普斯而言，就是用日记记录下自己的思想和曲折的人生，留给世人和后人去品读。我们或许能从他的文字中品味出忏悔和忧伤，用他的口吻来说，就是再也不能亲近笔墨和富有激情的文字。皮普斯想要继续写作，但他无能为力。

生命必将终结。大部分人在生命的某个阶段，都会因此而产生消极的想法。生命必将终结这个事实会削弱生命的价值，使生命失去了意义，至少，看上去像失去了意义。因此，很多人希望肉体的死亡并不是一切的终结，当然前面读过几章关于心脑、个人同一性问题的讨论，你可能会因无形永恒的东西是否存在而困惑。真的存在永恒吗？它们是现实的吗？它们能给有限的生命带来意义吗？这些问题让人陷入更深的困惑。因此，在讨论死亡、价值和未来之前，我们先来看看什么是生命的意义。

生命的意义是什么

讨论生命的意义不可避免地要面临一个问题："意义、目标、目的是什么？"这些问题通常都会伴随着一声愤世嫉俗的叹息："到底为什么啊？"实际上，意义与目的存在于生活的方方面面，比如说，我换个座位，目的是逃离吵闹的音乐；我假装微笑，目的是欺骗警察。螺丝刀、汽车、欧式早餐等事物之所以存在，都有其目的，当然，它们未必能够满足该目的。在所有类似的情况下，事物的意义、目标、目的都涉及更深刻的东西。或者说，意义并不仅仅涉及事物自身，还涉及我们对于事物的需求。因此，我们可以进一步追问："逃离噪音、欺骗警察、喝杯葡萄酒、享受早餐等又是为了什么，有什么意义？"假若不断追问，我们或许会找到一个最初的立足点："好吧，我需要或想要这些，它们能够让我幸福。"

“幸福”这个答案可以追溯到亚里士多德，他认为所有人都在追求某个最终目的，而这个最终目的就是幸福，因此，幸福具有终极意义。但是，虽然所有人都追求某个最终目的，但并不能因此就得出结论，认为只存在一个最终目的，而它是所有人都追求的。亚里士多德式的推理方式犯了一个逻辑谬误，即“量化词对调”（quantifier shift），它把“对于所有的……存在……”对调为“存在……对于所有的……”。这个谬误能够从以下推理中看出：所有人都是由母亲生出来的（真），因此存在一个母亲，她生出了所有人（假）。

回到关于意义的话题上，有些人肯定还有许多问题。“阅读小说、坠入情网、生育子女都能让我们幸福，但它们的意义到底是什么？或者说，幸福的意义到底是什么？”为了回答这个问题，有些人甚至接受了一些荒谬的说法，比如人的最终目的是延续自己的基因。无论权威人士或流行的评论家怎么说，这种说法都是荒谬的。因为很少有人持有这样的想法，当然，我们的基因也没有这种想法。进化论或许能解释人的存在，但并不能说明人的存在是有目的的，或者要满足一定的目的。

继续追问下去，我们或许会发现人们追寻的目的已然超越了所有生命，超越了所有创造物。而这个时候，上帝和生命不朽就该介入了，但即便有它们的介入，仍存在难以逾越的困难。如果“X 的意义是什么”的答案必须涉及 X 之外的其他事物，并且不能绕回到 X 自身，那我们就永远都无法感到满意。即便上帝真的存在，生命真的不朽，我们同样还能提出类似的问题：“上帝的意义是什么？生命不朽的意义是什么？”正如维特根斯坦的疑惑：“难道获得永生，我就能把一切谜题都解开了吗？”

“有什么意义”之所以让人烦忧，是因为它的前提就预设了没有任何答案能令人满意。就像找到一个“方的圆形”一样，我们寻求的那个答案也不可能存在。因此，我们需要改变看法，不再像以前那样，认为假如 X 必须涉及 X 之外的其他事物就是一种“缺陷”。数字 7 缺乏意义，美德缺乏颜色，但“缺乏”并不意味着它们有缺陷。数字 7 不需要意义，美德也不需要颜色。

事物的全体并不能用有意义、没意义来衡量。我们必须明确，就像解释需要尽头，意义也需要终点。这个终点有时就蕴藏在生活中。你可以把生命的意义寄托于你在乎的事情上，比如或许是生儿育女，或许救他人于危难中，又或许仅仅是追求美学的享受。而你选择生儿育女可能是因为你父母对家庭生活的向往，可能是为了将子女过继给亲人，也可能仅仅是想增添烟囱探险队的成员。这些例子提醒我们，就算我们都是因为一个伟大的目标而诞生的，甚至可能是因为神的旨意而诞生的，但这并不会给我们的生命带来任何意义。看看这些红松鸡，它们也是为了一个伟大的目标而繁衍——为了在捕猎的季节被杀掉。

通过我们重视的事，我们可以找到生命的意义；然而，我们重视这些事情的理由，却不能或不应该仅仅是我们得到了满足。假如满足就是终极价值，那我们就可以把时间都用在痒痒粉和挠背器上，设想按照如下指令行事：

> 把痒痒粉撒到身上。你开始感到痒，并产生了挠痒的欲望，这个欲望需要被满足。
>
> 使用挠背器，挠吧。
>
> 重复以上动作。

A BEGINNER'S GUIDE
PHILOSOPHY
思维拓展

虚空的虚空

哲学家和诗人有时会提醒我们，无论我们有什么成就，无论我们有多么伟大，终究是一场虚无。雪莱曾说：

> 在那石座上，还有这样的铭记：
> “我是奥西曼德斯，众王之王。
> 强悍者呵，谁能和我的功绩相比！”
> 这就是一切了，再也没有其他。
> 在这巨大的荒墟四周，无边无际，
> 只见一片荒凉而寂寥的平沙。

而卢克莱修则鼓励我们不要后悔：

> 为什么要这样为死亡而哭泣号啕？
> 因为如果你过去的旧时的生活
> 对于你是可喜的，而你的所有的幸福
> 并不是像倒在破漏的瓶子里那样流掉，
> 未享受就丧失，为什么不离开厅堂，
> 像一个饱尝了生命的客人一样？

A BEGINNER'S GUIDE
PHILOSOPHY
思维拓展

他接着建议道：

永恒的时间的过去的岁月，
对于我们是如何不算一回事。
并且自然拿这个给我们作为镜子，
来照照我们死后那些未来的时间。
难道里面有什么东西显出这样可怕？
难道这一切中有什么东西那样悲惨？
难道它不是比任何睡眠更平静更好？

虽然我们有无数的欲求可以被满足，但这个从柏拉图那里得到的例子就已经阐明了一个简单的真理：有些欲求并没有什么价值。假如一个人的生活每天都是挠痒痒，并因此而感到满足，那么他的生命或许就没那么有价值。除非这个行为出于更加高尚的理由，比如宗教仪式或团结群众，当然，这也很诡异。假如有人大脑损伤了，意识不到自己的生活状态，也意识不到自己失去了什么，即便他每天所做的不过是盯着天花板的灯光，他也始终感到很满足，甚至感到很快乐。但我们见到他只会感到遗憾，我们有充足的理由认为人生应该不仅如此。正如我们提到过的密尔的一句名言："做一个不满足的苏格拉底，远好过做一只满足的猪。"

我们对 X 有欲求，并不能说明 X 是值得追求的。毕竟，我们追求 X 要有一定的理由，难道对 X 有欲求就足以解释一切了吗？通常情况下，某事物是值得追求的，一定是因为它具有某种特性，而不仅仅是因为我们想要得到它。有时，它的特性就是带给我们快乐，但往往并非如此。

不朽、死亡与乏味

19 世纪悲观主义哲学家叔本华认为，人类的生命充满欲望，不可避免地要一直痛苦。粗略地说，他的论证是：假如你对某事物有欲望，当这种欲望没有被满足时，你会不断尝试得到它，并为此而痛苦；当这种欲望被满足了，你便开始感到厌倦，并产生出新的欲望。这个景象就像古希腊神话里的西西弗斯，他被惩罚把巨石滚动到山顶，而等到了山顶巨石又会再次滚下，于是，他只能周而复始，永远如此。就叔本华而言，假如西西弗斯能够结束滚动巨石的工作，比如在山顶建造一个神殿固定住它，但这仍然无法改变他人生的悲剧：他会开始感到厌倦，想要寻求另一项工作；再寻求另一项工作……

诚然，叔本华的方法存在错误，他没有意识到人并非如此头脑简单，人们通常要从事多种多样的、相互交织的繁杂活动。同样，他的方法错误地将结果与手段完全割裂开来，但我们其实也同样重视实现结果的过程，就如同重视结果一样。假若不考虑达成目的所需的手段和花费的时间，而只在乎结果，这就不是人类的生活了。设想一下，假若所有的欲求瞬间被满足，所有的疑问瞬间有答案，这该有多么诡异啊。我们都期望自己有所成就，但成就之所以有价值，不仅仅在于能够实现自己的目的，还在于实现过程中的努力、希望和期待。假如不复习而仅仅凭借运气通过了考试，那这就算不上什么成就。

上述观点与媒体时代的精神截然不符，媒体时代追求即时新闻、即时享乐。或许，这种时代精神也使人们在追求有意义的生活时所感受到挣扎与消极。不过幸好，我们只是在寻求人生目的时苦苦挣扎，而不是为了在绝望的处境里活下去而挣扎。事实上，一些人因此而不认可莫扎特是个有成就的人，因为作曲对他来说太过容易了。

认识到真正有价值的成就和生活状态，将有助于我们抵御生命中的绝望。然而，死亡终将来临，这仍然让人感到沉重。因此，我们通常会追求那些对自己而言更有价值的事物。我们不仅重视优美的风景、哲学思想和音乐这些在我们去世后还会存在很久的事物本身，而且还重视对它们的认知。于是，即便承认不朽无法赋予人的生命以意义，但我们还是相信不朽比死亡更好。假如能够不朽，我们就会得到更多对自己来说有价值的事物，因此，不朽也就更有价值。

要理解对不朽的偏爱，就要了解不朽究竟是什么样子。不朽究竟是指地球上的生命不断延续，甚至转移到其他星球继续生存，还是指某种抽象的、无形的存在？如果不朽是无形的，这就涉及自我同一性、个性等问题。而且，假如无形的存在者真的存在，那它到底由什么构成？或许它由思想、记忆构成，或许它还能与其他无形之物进行心灵感应，又或许它只是抽象、美德或三角形等的映像。当然，这种假设或许缺少一些吸引力。

永生如何成为可能？地球上真的有这种生物存在吗？这在文学中得到过试验。

永生者的噩梦

这是埃米莉・马蒂（E. M.）的故事，她获得了一种可以生存 300 年的秘药。现在她看起来不过 40 多岁，300 年过去，而且这 300 年里她一直都维持在 40 多岁的样子。现在 E. M. 活够了，她觉得自己不过是一个“标本”、一件物品，几乎算不上是一个人了。在这漫长的岁月里，她换了好几个名字，埃利娜・马克罗普洛斯、爱丽安・马克格莱戈尔、埃米莉・马蒂都是她的名字。她渴望死亡，最终也成功实现了。这个故事就是卡雷尔・恰佩克（Karel Čapek）的戏剧，后来被雅纳切克（Janáček）改编成了歌剧。

E. M. 是唯一一个可以不死的人。她目睹了朋友、子女和爱人的离去，她和不同的人相爱，心中明白他们终将故去。她的曾曾孙子曾在不知情的情况下引诱过她。目力所及，全是无聊与绝望。长生就是一切的祸根。

与 E. M. 的情况不同，假设你和其他一群有钱买长生不老药的人一起获得了永生，你们就变成了和凡人不同的另一个物种。再假设，许许多多人都获得了永生，那么，地球最终将缺少足够的空间提供给后代，而男女之间的关系也会发生某种相应的变化，比如人们不再有生孩子的欲望。

以上讨论都说明，要评价永生而不是长寿，需要了解更多的细节。比如，能够让人获得永生的药物，也一定能让人金刚不坏、百毒不侵。这样的不朽之人将与凡人有本质上的不同，他们不再害怕地震、洪水和核武器，过马路也不用小心车辆，诸如勇气、耐心、风险等概念的运用也将彻底改变。假设不朽之人的生理结构与凡人截然不同，那么，他们还想要或需要喝水、吃饭吗？还是说不朽只不过是不会变老？

一旦我们准确地描绘出不朽生物的样子，即便只是一个大概的样子，它或许就会失去吸引力，正如我们刚才讨论无形的不朽者时遇到的那样。

无论不朽者有形还是无形，世界上总有一些有价值的经验感受，值得不朽者不断回味。如果你对数字着迷，就可以沉浸在无限增大的无穷数列中。如果你的感官高度敏感，能够看到难以想象的美景，就可以永远沉迷其中。或者你也可以只是不断地听同一首歌，永不停歇，这并不是夸张。但你真能做到永不停歇吗？1826 年，约翰・斯图尔特・密尔遭遇了一场精神危机，他备受折磨，因为他觉得一切都没有新鲜感，曾经美妙的音符只剩下了枯燥无味。

察觉到一切皆有限，这使人痛苦；但同样让人痛苦的是，察觉到漫长的生命中还要经历无数的重复。进一步说，假设所有美好的事物最终都能被完全掌握，那么这也将是好奇心的终结。

纵使无视“没有完结”带来的无聊和恐怖，我们还将无法解释是否有动力去做事情？如果所有的事情都能拖延一天，那为什么不拖延呢？对于不会死亡的人，他们只有每天欺骗自己，只有欺骗自己将会死亡，他们才有做事的动力。或许正如 E. M. 最后感悟的那样，死亡是不可或缺的，因为死亡让生命有了价值，当然，这或许听上去有些矛盾。用塞涅卡（Seneca）的话说，“不知道如何去死的人，也就不知道如何去活”。

死亡和诞生一起，为生命的演绎提供了舞台。如果没有终点，我们将不知如何评价一段生命。这个模糊的认识引出了另一个观点：也许生命就像一件在制作中的艺术品，它的完结才是最值得瞩目的。这种看法明显暗示了自杀与安乐死的意义，同时也提醒了我们生命过程的重要性。

假设，虽然这明显不可能，我们可以量化生命的价值，比如：（1）每年产生 1 单位的价值，总共生产 1 兆年；（2）每年产生 1 000 单位的价值，总共生产 90 年。显然，前者的总量要大于后者，但大部分人都认为后者的人生更有意义：短暂而耀眼的人生，比漫长而蹉跎的人生更有意义。而且，人们总是更喜欢越过越好的人生，而非起初非常幸福却越过越差的人生，纵使后者的价值总量更大也无法改变这一点。过程、结构和重点，都是影响人们幸福生活的重要因素。

上面的讨论并不是说，只要活得不长不短就能得到幸福。因为无论活多少，死亡要么来得太早，要么来得太晚。对于 E. M. 而言，死亡来得太晚；而死亡来得太早的例子，我们知道的也已经够多了。从逻辑量词的角度来讲，从“无论哪一天是生命的终点，我们都想再多活一天”，推出“我们想要得到永生”，其实是另一个量化词对调的谬误。即便每天的愿望都能得到满足，我们或许仍然不希望永生，因为永生只会迎来可悲的结局。

幸运与不幸

在寻找生命意义的过程中，我们会想起那醉人的爱与友谊、音乐与美术。但同时，也有无数不想面对的痛苦。人生的矛盾与荒诞就在生与死之间浮现。像我们这样的凡人，不能或者至少不应该略过这个世界的谜题。福斯特说“唯有联结”，无论喜欢与否，我们都和他人紧紧相连。

在本书的序言中，我们提到了“万物皆相关”。不管多么不愿意承认，我们的人生都和大洋彼岸的人们交错、共存，我们的福祉不可避免地依存于微不足道的他人，他们可能是在廉价服装工厂中艰难谋生的少女，或者是在种植园中辛苦劳作的少年；而写作或者阅读一本哲学主题的书，这样有意义的活动对疲乏的大众来说都是不可企及的奢侈。

20 世纪初，剑桥哲学家麦克塔加（John McTaggart Ellis McTaggart）有一只名叫普希金的猫。在寒风呼啸的冬季，普希金在壁炉前有一块属于它的领地，而麦克塔加只能在角落里沉思哲学问题。麦克塔加这样总结：“这是一只猫所能得到的最好的了。”从一只猫科生物的角度来看，普希金和哲学没什么关系。然而，麦克塔加能运用理智，他能评价一只猫的人生，他能透过现象看到本质。而且他能跳脱出来，从人类的角度，来评价自己，当然，其实我们也可以。

用超越的视角来看自己，忧郁与绝望会涌上心头。我们能尽情地去讨论美和真理，但总有一个声音会浮现：“但这些有什么意义呢？”我们都只是宇宙中的小小尘埃，对宇宙来说，我们毫无意义。我们时常对人生、爱、事业、新生的白发感到疲倦，它们都缺少宏大的意义，而把它们看得如此重要的我们是多么肤浅可笑啊！

我们不该惊奇于这些感叹。假设你和宇宙一样浩瀚，你也会继续困惑于事物有什么意义。大小并不是阻碍，偶然才是。我们都只是幸运和不幸的产物。

在成功学或者美国思维中提倡这么一种信仰：一切都能靠努力达成。这种信仰认为，只要足够努力，我们就能做到一切。实际上，这就和“世界是美好的”一样可笑。生命总是伴随着各种各样的悲剧，比如衰老、失业，或者失去朋友、为世界上的可怜人难过。这些悲剧让人们意识到我们能拥有现有的一切是多么幸运。但即使是这样，我们仍然必须意识到自己的幸运是建立在他人不幸的基础上的——我们的幸福，在很大的程度上，都仅仅是幸运而已。

不管我们如何试图从超然的视角来看待自己，我们就是这样的人类，人生如何度过非常重要，他人也依此来评价我们。萨特曾这么说他人，一旦死去，我们就成了生者的猎物，成了他人的猎物。他人将对我们评头论足。但在死亡之前，我们还有机会让自己的人生重现光彩。我们关于未来的选择将会影响到他人如何看待我们的过去。从现在看，一颗棋子的位置可能不太妙，但到底好不好要看它对最后结局的作用。

哲学是对智慧的追求，智慧不仅仅是聪明、知识，智慧意在让人用更开阔的视角去理解什么是真正重要的，意义与价值之所在。现在，大部分学院派哲学家在其职业生涯中很少能达到这样开阔的境界，他们甚至根本不去尝试，或者还在困惑于这样的境界究竟指什么。

有一次，维特根斯坦路过一个书店，橱窗里挂着罗素、弗洛伊德、爱因斯坦的画像；他继续往前，路过一个音乐商店，看到贝多芬、舒伯特和肖邦的画像。对比这些画像，他“感到了深深的可怕的堕落，在这仅仅一百年中降临到人类精神领域上的堕落”。

或许，生命中最重要的东西就是无法言说的。或许我们应该重视维特根斯坦在《逻辑哲学论》(*Tractatus*)中说的最后一个命题。

对于不可说的东西我们必须保持沉默。

尼采瞧不起技术性的分析，而喜欢在矛盾中起舞。他提供了一种生动但毫无意义的方式，来帮助你、我、世人评判自己的生活。要谈论他的想法，我们就要搁置已有的信仰。他建议，在看待价值，甚至面对自相矛盾的价值时，我们要接受一切的可能性。这就是说：

> 假如恶魔在某一天或某个夜晚闯入你最难耐的孤寂中，并对你说：
>
> “现在和过去的生活，就是你今后的生活，它将周而复始，不断重复，绝无新意。你生活中的每种痛苦、欢乐、思想、叹息，

以及一切大大小小、无可言说的事情皆会在你身上重现，会以同样的顺序降临。在你的生活中，同样会出现此刻树丛中的蜘蛛和月光，同样会出现现在这样的时刻和我这样的恶魔。存在的永恒沙漏将不停地转动，你在沙漏中，只不过是一粒尘土罢了！”

你听了这恶魔的话，是否会瘫倒在地呢？是否会咬牙切齿，诅咒这个口出狂言的恶魔呢？……

或者，无论对自己还是对人生，你均宁愿安于现状而放弃一切追求？

如果我们的人生只是无穷的重复，那么，不仅是忧郁，深深的痛苦与绝望也将席卷而来。当我们深刻反思人生应该如何度过时，“好奇心”不足以概括哲学思考的冲动，时间总会离去，为了崇高的目标而离去。事实上，很有可能的是，总有一天，所有生命、所有意识，都将为了崇高抑或罪恶的目标而离去。我们必须接受无常。

但是，设想一下，如果你能想到的最好的生活，比如你现在的生活，将会一直重复下去，未来将和现在一模一样。那么，你还会瘫倒在地，咬牙切齿地咒骂这个生命的重复吗？你的人生、你的价值观、你的所爱，能经受得住永恒的考验吗？

所以，这时我们不妨再回到两千多年前苏格拉底和西方哲学的起源：

未经审视的生活不值得过。

维特根斯坦：一个哲学家的一生

路德维希·维特根斯坦（1889—1951）**：**维特根斯坦已经在本书中出现了很多次。他一直苦恼于逻辑、伦理和人生。正如苏格拉底、斯宾诺莎和克尔凯郭尔一样，他的人生也和哲学思想密不可分。他的哲学思想体现在他的人生中。例如，在意识到自己令人厌烦的一面后，他试图做出改变，并最终找到了些智力的谦虚。

人生：维特根斯坦出生于一个富有的、受过良好教育的具有犹太血统的奥地利家庭，他和作曲家、画家多有往来，比如克里木特。在第一次世界大战结束后，维特根斯坦散尽了家财，选择过简单朴素的生活。罗素的数学引他进入哲学之门。在放弃了成为工程师的梦想后，1911 年，他一声不吭地前往剑桥师从罗素。罗素很快就发现他是个天才。

第一次世界大战期间，维特根斯坦自愿加入奥地利军队，想去前线看看自己能不能活下来，在战场上，他着手写作《逻辑哲学论》。1929 年，《逻辑哲学论》已经得到赞誉，他也得到了罗素和摩尔的赞赏。摩尔写道："维特根斯坦先生的论文是一项天才工作，但尽管如此，它也肯定很符合剑桥哲学博士学位所需的标准。"

20 世纪 30 年代，他回到剑桥，在凯恩斯的帮助，以及数学家拉姆齐（F. P. Ramsey）与经济学家斯拉法（Sraffa）的批评下，维特根斯坦重新开始研究。他仍然确信哲学问题是在语言中，但他把语言看作具有不同作用的工具，具体参见他逝世后出版的著作《哲学研究》（1953）。

神秘的东西：维特根斯坦的早期作品启发了维也纳学派，即逻辑实证主义者们，他们坚持命题必然是可证实或可证伪的，否则该命题就毫无意义。他们无视了《逻辑哲学论》最后说的：

> 确实有不可说的东西。它们显示自己，它们是神秘的东西。

对于维特根斯坦来说，不能用语言表达的东西比实际的东西更为重要。而对于这个谜，拉姆齐却讽刺道，维特根斯坦的口哨[①]，也不是能用口哨吹出来的。

① 在第一次世界大战期间，维特根斯坦曾被意大利人俘虏。而被俘时，他正骑在大炮上用口哨吹贝多芬第七交响曲的第二乐章。——译者注

PHILOSOPHY

致谢

我教了许多年哲学，答复过很多学生或难或易的提问，看过很多不同层次的哲学家写的论文，简明的和晦涩的都有，因此我很难给出一份非常详尽的致谢。但毫无疑问的是，我受到了无数学生和同事的帮助，尤其是近些年在开放大学的学生和同事；当然，还有过去在伦敦城市大学、伦敦大学学院、剑桥大学国王学院的学生和同事。

近年来，有意或无意中帮助过我的哲学家（排名不分先后）包括：阿诺德·祖波夫（Arnold Zuboff）、杰里·瓦尔贝格（Jerry Valberg）、蒂莫西·查普尔（Timothy Chappell）、乔纳森·沃尔夫（Jonathan Wolff）、德里克·马特拉沃斯（Derek Matravers）、杰勒德·利文斯通（Gerard Livingstone）、迈克尔·克拉克（Michael Clark）、卡罗琳·普莱斯（Carolyn Price）和约翰·尚德（John Shand）。

对本书做出了特别贡献与鼓励的哲学家有：劳伦斯·戈尔茨

坦（Laurence Goldstein）、雷蒙德·塔利斯（Raymond Tallis）、索菲·博拉特（Sophie Bolat）、马丁·霍尔特（Martin Holt）、珍妮特·拉德克利夫·理查德兹（Janet Radcliffe Richards），以及来自寰宇一家出版社的迈克·哈普利（Mike Harpley）、露丝·戴瑞（Ruth Deary）和道恩·萨克特（Dawn Sackett）。此外，我还要感谢安杰拉·乔伊·哈维（Angela Joy Harvey）多年来对我的支持。

伦敦中心繁华而喧闹，所以本书的大部分内容都是我躲在雅典娜神庙图书馆内完成的，为此，我要感谢之前热心的工作人员与成员，特别是豪拉·多兰（Laura Doran）在借阅方面、凡妮莎·威廉姆斯（Vanessa Williams）在咖啡方面提供的支持，还有《藻类》（*The Algae*），尤其是丹·柯恩–薛波（Dan Cohn-Sherbok）、哈兹尔·泰穆里安（Hazhir Teirmourian）和本·博蒙特（Ben Beaumont），感谢他们在话题选择上对我的启发。

我还要特别感谢阿登·莱昂，感谢他认真仔细的论证、深刻的见解、令人愉悦的幽默感、极强的能力，甚至是偶尔的无能。奥尔顿和我都从错误中受益匪浅，当然，我们偶尔也有正确的时候，但可悲的是，后者总是能被轻易忘却，前者却令人格外印象深刻。这更加提醒我们，我们的思想、记忆甚至人生，在很大程度上都依赖于运气，无论是好是坏，其实都不在我们的掌控之内。

写这本书时，我不幸患了癌症，并拒绝了手术和药物治疗。我说这个不是为了寻求同情，当然，同情我也是欢迎的，而是为了鼓励类似事件的公开，为了增强治疗意识，也是为了感谢伦敦爱德华八世医院、圣玛丽医院和英国皇家马斯登医院的相关医疗、救护团队。提醒你们，我以后不能买太多牛奶了。

序言的注释中有对哲学通识读物的推荐。那里提到的参考文献以及引用来源通常都很容易在网络上找到，或是已经出版了众多版本，注释里也提到了它们的出版信息。

序言：与生活息息相关的哲学问题

约翰·科廷厄姆（John Cottingham）的《西方哲学：一本选集》（*Western Philosophy: an anthology*，2008 年第 2 版），收录了大量古典与现代的经典文本，厚达 800 多页，并且包括本书涉及的许多关键文本的精华。假如你想读重点段落，该书就很适合你。此外，还有两本全面、厚重、可靠的导论型书籍，主要面向本科生，但涉及哲学的所有重要领域，皆由格雷林（A.C.Grayling）编著，分别是《哲学：通过主题展开的导论》（*Philosophy: a guide through the subject*，1995）与《哲学 2：通过主题更进一步》（*Philosophy 2：further through the subject*，1998）。

如果你对沉重的书本不感兴趣，可以看一下这本时尚、经典又很薄的导论书籍，即伯特兰·罗素的《哲学问题》(*The Problems of Philosophy*，第一版出版于 1912 年)。如果你想要阅读具有重大影响的作品，可以看看柏拉图的早期对话录，《苏格拉底的最后日子》(*The Last Days of Socrates*) 中就收录了部分作品，还可以去读读笛卡尔影响深远的经典作品《第一哲学沉思集》。

如果你喜欢看着电脑屏幕或者喜欢看打印的文件，可以使用非常可靠且免费的网上资源“斯坦福哲学大百科”(Stanford Encyclopedia of Philosophy)，还可以使用网上的“皇家哲学研究所”(Royal Institute of Philosophy)。哲学论文、访谈视频与讲座通常皆可在大学网站上找到。

问题 1　身体与心灵：什么才是人的本质?

经验机器出现在罗伯特·诺齐克的《无政府、国家与乌托邦》(*Anarchy, State and Utopia*) 一书中。笛卡尔提到的“邪恶的天才”出现在他的《沉思集》(I 和 II) 中。柏拉图的洞穴隐喻，出现在《理想国》中，或许，这个隐喻在用于揭示表象与真实之间的区别时更加出名。

吉尔伯特·赖尔对笛卡尔的攻击，出现在他 1949 年出版的《心的概念》(*The Concept of Mind*) 一书中，奥斯丁 (J. L. Austin) 将其嘲讽为“这就是赖尔的风格”。那个时候，“职业”哲学家即便不使用大量的参考文献与脚注，仍能自豪地写作。让赖尔在牛津黯然失色的奥斯汀则在《哲学论文》(*Philosophical Papers*) 里的《洒墨的三种方式》(*Three Ways of Spilling Ink*) 一文中提出了企鹅的例子。上面提到的所有问题背后都潜伏着一个痛苦的天才，他就是路德维希·维特根斯坦。有谣言传说，赖尔会让自己在牛津的学生溜到剑桥去，因为那是维特根斯坦教书的地方，他让学生去学习这位大师最新的、令人困惑的思想。

问题2 自由意志：什么情况下人应该为自己的行为负责？

有一本优秀的论文集叫《自由意志》（*Free Will*，第2版），由加里·沃森（Gary Watson）编辑，包含了斯特劳森（Strawson）与法兰克福（Frankfurt）的文章。斯特劳森虽然声称自己不关心决定论，但他提出了被动态度（reactive attitudes）的重要性；法兰克福则着重论述了淫荡的人以及欲望的等级。关于道德运气，丹尼尔·斯塔特曼（Daniel Statman）编辑了一本论文集，就叫《道德运气》，其中涵盖了伯纳德·威廉斯与托马斯·内格尔的文章，正是他们提出了这个近些年一直受到讨论的话题。关于存在主义，你可以先尝试阅读萨特的小说《恶心》（*Nausea*）与他的《存在主义是一种人道主义》（*Existentialism and Humanism*），不过，他随后又部分否认了这一点。

问题3 同一性：什么使你与之前的自己仍是同一个人？

参见雷蒙德·马丁（Raymond Martin）与乔纳森·巴恩斯（Jonathan Barnes）编辑的《个人同一性》（*Personal Identity*），它包含了威廉斯与帕菲特的一些重要论文。涉及个人同一性时，把“相同”（the same）理解为一个程度的问题，是由阿登·莱昂在论文《论保持为同一个人》（*On Remaining the Same Person*，*Philosophy*，1980）中提出的。还可以参见下文“译者后记”中提到的关于死亡的读物。

问题4 道德哲学：什么是真正道德的行为？

就关键文献而言，无论新旧，都可以参考弗里克（Fricker）与格滕普兰（Guttenplan）编辑的《阅读伦理学》（*Reading Ethics：selected texts with interactive commentary*）。伯纳德·威廉斯发人深省的妙语“一念已太多”出现在《个人、品格与道德》（*Persons，Character and Morality*）的文章中，而该文章收录在他的论文集《道德运气》中。如果你想要立即阅读原著，可以去读亚里士多德的《尼各马可伦理学》（*Nicomachean Ethics*）、康德的《道德形而上学奠基》（*Groundwork of the Metaphysics of Morals*）与密尔的《功利主义》（*Utilitarianism*）。

问题5 政治哲学：什么是国家的正当性理由？

最好的政治哲学导论是乔纳森·沃尔夫的《政治哲学导论》（*An Introduction to Political Philosophy*，第2版）。具有广泛影响力的经典文献是托马斯·霍布斯的《利维坦》（*Leviathan*），约翰·洛克的《政府论》（*Second Treatise of Government*），以及约翰·斯图尔特·密尔的《论自由》（*On Liberty*）。你可以试着先读密尔的。

其他会对你有所帮助的作品包括约翰·罗尔斯读起来并不轻松的《正义论》（*A Theory of Justice*），以及罗伯特·诺齐克的《无政府、国家与乌托邦》。

问题 6　大脑与意识：人的意识是什么？

经典二元论出现在笛卡尔的《沉思集》中。如果你想了解相关的重要论文与研究，包括图灵、塞尔、布洛克等人的思想，可以参见海尔（J. Heil）编辑的《心灵哲学：导论与文选》（*Philosophy of Mind：A Guide and Anthology*，2003），或者哈克（P. M. S. Hacker）的《维特根斯坦》（*Wittgenstein*，1999）。

问题 7　知识论：知识是什么？

本章所引用维特根斯坦作品的内容，出自《哲学研究》（1953）。柏拉图作品的内容出自他的《美诺篇》。如果你想阅读一些广泛收录了近些年重要理论的书，可以看看邓肯·普里查德（Duncan Pritchard）与拉姆·尼塔（Ram Neta）编辑的《论证知识》（*Arguing about Knowledge*）。如果你想了解怎样通过信息重新理解知识，可以看看爱德华·克雷格（Edward Craig）的《知识与自然状态：概念综合的一篇论文》（*Knowledge and the State of Nature：An Essay in Conceptual Synthesis*，1999）。

问题 8　怀疑论：怀疑的界限是什么？

上面提到的普里查德与尼塔的关于知识的选集亦包含讨论归纳与怀疑论的论文。就波普尔与研究课题而言，有一本好的导论是皮特·戈德弗雷－史密斯（Peter Godfrey-Smith）的《理论与现实》（*Theory and Reality*，2003）。

1954 年，纳尔逊·古德曼在其著作《事实、虚构和预测》（*Fact，Fiction*

and Forecast）中，介绍了“绿蓝”（grue[①]）这个归纳法的新谜题。如果你想看有关这个问题，以及其他数不清的逻辑的、伦理的、认知的等悖论的探讨，可以参考我的《这句话是假的：哲学悖论导论》（*This Sentence Is False*：*an Introduction to Philosophical Paradoxes*）。跟随索尔·克里普克（Sual Kripke）的脚步，我们能够进入语言哲学，而如果你想了解这方面的知识，还可以参考亚历克斯·米勒（Alex Miller）的《语言哲学》（*Philosophy of Language*）。还有一部对众多怀疑论进行攻击的作品，即托马斯·内格尔的《理性的权威》（*The Last Word*）。

问题9　上帝证明：如何证明上帝存在?

对于并非神学家和信徒的人而言，许多有关上帝的作品都是非常晦涩难懂的。其中，大卫·休谟的《自然宗教对话录》（*Dialogues Concerning Natural Religion*）与约翰·斯图尔特·密尔的《宗教三论》（*Three Essays on Religion*）是两个例外，且极具影响力。尼克·埃弗里特（Nick Everitt）的《上帝的不存在》（*The Non-Existence of God*）是一部易于理解，且持有怀疑态度的作品。弗林特（Flint）和瑞（Rea）编的《哲学神学的牛津手册》（*The Oxford Handbook of Philosophical Theology*）是一本非常好的论文集，普遍地涵盖了宗教问题。爱德华·费塞尔（Edward Fesser）的《最后的迷信》（*The Last Superstition*，2010）是对无神论观点进行攻击的一部作品。有的无神论者把自己称为“不可知论者”，认为否定是无法证明的，关于这一点，可以参见理查德·道金斯

① Green-blue，绿色 – 蓝色。——译者注

（Richard Dawkins）的《上帝的错觉》（*The God Delusion*）。在该书中，本体论证明同样被认为仅仅是一种文字游戏，并遭到拒斥。

问题 10　艺术哲学：艺术的意义是什么?

关于美学，建议你一定要读一读罗杰·斯克拉顿（Roger Scruton）的作品，他不仅博学多才，而且能启迪你的思想。我的评论就深受他的《美的简介》（*A Very Short Introduction to Beauty*）影响。如果你想看更全面的，可以选择杰罗尔德·莱文森（Jerrold Levinson）编辑的《美学的牛津手册》（*The Oxford Handbook of Aesthetics*）。在短篇的作品《两部回忆录》（*Two Memoirs*，1949）中，凯恩斯描述了摩尔的《伦理学原理》的深远影响。

结语　如何探寻生命的意义?

科恩（Cohn）与克勒姆克（Klemke）编辑了一本内容丰富的作品集，名叫《生命的意义》（*The Meaning of Life*）。伯纳德·威廉斯的《马克罗普洛斯案例》（*The Makropulos Case*）收录在他的论文集《自我的问题》（*Problems of the self*）中。托马斯·内格尔在他的作品《人的问题》（*Mortal Questions*）中讨论了卢克莱修、死亡与生命的荒谬性。我自己的《人文主义：初学者导论》（*Humanism：a beginner's guide*）拓展了上述观点。

让-保罗·萨特在《存在与虚无》（*Being and Nothingness*）中讨论了他者的问题，该书读起来不那么容易。尼采的永恒循环出现在他《快乐的科学》（*The Gay Science*）中。如果你想了解维特根斯坦的生平，可以阅读备受赞誉的《维特根斯坦传：天才之为职责》(*Ludwig Wittgenstein*：*the duty of genius*，1990)，这是由瑞·蒙克(Ray Monk)为其所著的传记；还可以阅读布赖恩·麦吉尼斯(Brian McGuinness)讨论他早期生活的杰出作品《维特根斯坦：1889—1921》(*Wittgenstein*：1889—1921)，以及拉什·里斯(Rush Rhees)编著的《路德维希·维特根斯坦：个人回忆录》(*Ludwig Wittgenstein*：*Personal Recollections*)。

对生命意义的反思通常出现在艺术作品里。这里推荐一些文学作品：路易吉·皮兰德娄(Luigi Pirandello)的《已故的帕斯卡尔》(*The Late Mattia Pascal*)；塞缪尔·贝克特的戏剧，例如《戏剧》(*Play*)与《摇篮曲》(*Rockaby*)；还有卡瓦菲斯(Cavafy)的诗歌。

就近些年的音乐作品而言，除了《克林霍弗之死》，可以尝试英国国家歌剧院(English National Opera)的作品，以及以下歌剧：约翰·亚当斯的《尼克松在中国》(*Nixon in China*)、菲利普·格拉斯的《真理坚固》。

就更传统的作品而言，舒伯特的《冬之旅》是必听的作品，此外，布里顿的《为男高音、圆号与弦乐而作的小夜曲》(*Serenade for Tenor*，*Horn and Strings*)，以及亚纳切克的歌剧《马克罗普洛斯案例》(*The Makropulos Case*)也绝不可错过。别忘记，网络上同样有网络讲座或一些视频片段，比如有关伯特兰·罗素的讲座以及上文提到的音乐。

译者后记

2017年上半年，南京师范大学陈真教授委托我暂时承担哲学系本科生课程“当代西方哲学问题”的教学工作，涉及心灵问题、知识论问题（以盖梯尔问题为主）、道德问题、宗教问题（上帝存在证明）等。这门课程原是陈真老师花费大量时间与精力打造的，采用双语教学，在校内甚至省内享有较高声誉。于是，为了对这门课和学生负责，我不得不花费大量精力重新学习、备课，甚至将与职称相关的学术论文写作全然抛诸脑后。

虽然我对该学期的教学效果并不满意，但在课堂上偶尔能得到学生的支持，让我颇感欣慰。巧合的是，随后我便遇到了翻译本书的机会，并发现此书中的许多内容正是课程中涉及的内容，且比我的论述更加简洁、清晰、容易理解。如果早些时候我就看到这本书，或许就能减轻许多备课负担和学生们的听课负担了。因此，我纠结再三，最终决定将其呈现给大家。

关于是否翻译本书，让我纠结的原因有很多，最主要的是精力与时间实在有限。首先，我想把精力放在自己的专业领域。其次，普及读物的翻译并不比专业读物的翻译轻松，而且常常像“猪八戒照镜子”：译文既不能太专业，又不能太随意；既要能体现术语的专业性与严谨性，又要适合初学者阅读，体现出通俗性与流畅性。曾经看到有人说，翻译就是一次再创造的过程，对此我深以为然。

翻译本书的过程中，我在尊重原文的基础之上，总想找到最恰当的表述方式，却又总是难以令人满意。这当然是我个人能力的原因。因此，若读者发现任何错误或有任何建议，敬请不吝赐教。但我也知道，无论如何，错误都在所难免。此前，我出版了作品《城邦的美德》与译著《简单的哲学》《好用的哲学》，而在书籍面世后，我都发现了好几处完全不该犯的错误，同时也有同志、好友指出了一些低级失误，都让我面红耳赤、愧疚万分。因此，我真挚地希望大家能多多指正。这样，万一有再版的机会，就能尽量呈献给读者一部更好的作品。

此外，我还请我的学生张天雨参加了翻译工作，她完成了第 6 至第 10 章、结语与致谢的初步翻译。之后，我再以她的译稿为基础，根据原文重新逐字逐句校对了多遍，因而，如有任何纰漏错误，文责在我。我还想谢谢湛庐文化，我非常欣赏他们的出版理念与细腻、尽责的专业素养，谢谢季阳总编、王青青编辑。谢谢首都师范大学朱慧玲副教授、清华大学贾沛韬博士后耐心回答我翻译中遇到的问题。谢谢父母、姐姐家和书羽无止境的付出，他们全身心地照顾着思咏和西卡，而我却一直缺席。谢谢张燕、陈中兴、范博、付小非、付小凡、姬托、管尧、王贺等好友的帮助。

最后，祈求上苍，愿展早日康复。

陶涛

Cambridge•Sidgwick Site

陶涛，南京师范大学副教授，清华大学哲学博士，剑桥大学哲学系访问学者。

张天雨，南京师范大学哲学系学生。

未来，属于终身学习者

我这辈子遇到的聪明人（来自各行各业的聪明人）没有不每天阅读的——没有，一个都没有。巴菲特读书之多，我读书之多，可能会让你感到吃惊。孩子们都笑话我。他们觉得我是一本长了两条腿的书。

——查理·芒格

互联网改变了信息连接的方式；指数型技术在迅速颠覆着现有的商业世界；人工智能已经开始抢占人类的工作岗位……

未来，到底需要什么样的人才？

改变命运唯一的策略是你要变成终身学习者。未来世界将不再需要单一的技能型人才，而是需要具备完善的知识结构、极强逻辑思考力和高感知力的复合型人才。优秀的人往往通过阅读建立足够强大的抽象思维能力，获得异于众人的思考和整合能力。未来，将属于终身学习者！而阅读必定和终身学习形影不离。

很多人读书，追求的是干货，寻求的是立刻行之有效的解决方案。其实这是一种留在舒适区的阅读方法。在这个充满不确定性的年代，答案不会简单地出现在书里，因为生活根本就没有标准确切的答案，你也不能期望过去的经验能解决未来的问题。

而真正的阅读，应该在书中与智者同行思考，借他们的视角看到世界的多元性，提出比答案更重要的好问题，在不确定的时代中领先起跑。

湛庐阅读 App：与最聪明的人共同进化

有人常常把成本支出的焦点放在书价上，把读完一本书当作阅读的终结。其实不然。

时间是读者付出的最大阅读成本

怎么读是读者面临的最大阅读障碍

“读书破万卷”不仅仅在“万”，更重要的是在“破”！

现在，我们构建了全新的“湛庐阅读”App。它将成为你“破万卷”的新居所。在这里：

- 不用考虑读什么，你可以便捷找到纸书、电子书、有声书和各种声音产品；
- 你可以学会怎么读，你将发现集泛读、通读、精读于一体的阅读解决方案；
- 你会与作者、译者、专家、推荐人和阅读教练相遇，他们是优质思想的发源地；
- 你会与优秀的读者和终身学习者为伍，他们对阅读和学习有着持久的热情和源源不绝的内驱力。

CHEERS

本书阅读资料包

给你便捷、高效、全面的阅读体验

本书参考资料

湛庐独家策划

- 参考文献
  为了环保、节约纸张，部分图书的参考文献以电子版方式提供
- 主题书单
  编辑精心推荐的延伸阅读书单，助你开启主题式阅读
- 图片资料
  提供部分图片的高清彩色原版大图，方便保存和分享

相关阅读服务

终身学习者必备

- 电子书
  便捷、高效，方便检索，易于携带，随时更新
- 有声书
  保护视力，随时随地，有温度、有情感地听本书
- 精读班
  2~4周，最懂这本书的人带你读完、读懂、读透这本好书
- 课　程
  课程权威专家给你开书单，带你快速浏览一个领域的知识概貌
- 讲　书
  30分钟，大咖给你讲本书，让你挑书不费劲

湛庐编辑为你独家呈现
助你更好获得书里和书外的思想和智慧，请扫码查收！

（阅读资料包的内容因书而异，最终以湛庐阅读App页面为准）

湛庐阅读App

思想者的声音图书馆

倡导亲自阅读

不逐高效，提倡大家亲自阅读，通过独立思考领悟一本书的妙趣，把思想变为己有。

阅读体验一站满足

不只是提供纸质书、电子书、有声书，更为读者打造了满足泛读、通读、精读需求的全方位阅读服务产品 —— 讲书、课程、精读班等。

以阅读之名汇聪明人之力

第一类是作者，他们是思想的发源地；第二类是译者、专家、推荐人和教练，他们是思想的代言人和诠释者；第三类是读者和学习者，他们对阅读和学习有着持久的热情和源源不绝的内驱力。

CHEERS

以一本书为核心

遇见书里书外，更大的世界

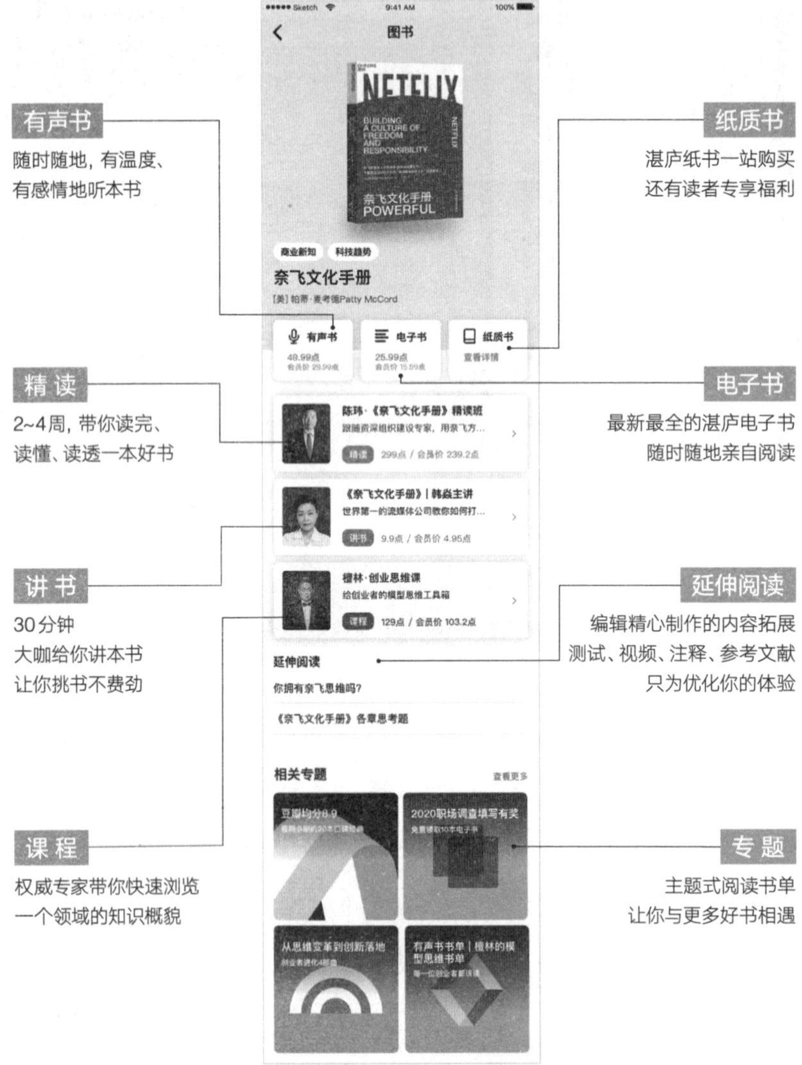

图书在版编目（CIP）数据

浙江省版权局
著作权合同登记章
图字：11-2018-492号

人人都该懂的哲学 /（英）彼得·卡夫著；陶涛，张天雨译．—杭州：浙江人民出版社，2019.1（2023.12重印）

书名原文：Philosophy: A Beginner's Guide

ISBN 978-7-213-09084-4

Ⅰ．①人…　Ⅱ．①彼…　②陶…　③张…　Ⅲ．①哲学—通俗读物　Ⅳ．①B-49

中国版本图书馆CIP数据核字（2018）第285113号

上架指导：哲学通俗读物

本书法律顾问　北京市盈科律师事务所　崔爽律师

人人都该懂的哲学

［英］彼得·卡夫　著

陶　涛　张天雨　译

出版发行：浙江人民出版社（杭州体育场路347号　邮编　310006）

市场部电话：（0571）85061682　85176516

集团网址：浙江出版联合集团　http://www.zjcb.com

责任编辑：方　程

责任校对：陈　春

印　　刷：天津中印联印务有限公司

开　　本：880mm×1230mm 1/32　　印　　张：10.5

字　　数：230千字　　插　　页：1

版　　次：2019年1月第1版　　印　　次：2023年12月第5次印刷

书　　号：ISBN 978-7-213-09084-4

定　　价：69.90元

如发现印装质量问题，影响阅读，请与市场部联系调换。